“一带一路”列国人物传系

总主编◎王　丽

法兰西名人传

THE LEGEND OF THE PEOPLE ALONG THE BELT AND ROAD

FAMOUS NAMES OF FRANCE

主编◎王灵桂

当代世界出版社
THE CONTEMPORARY WORLD PRESS

图书在版编目（CIP）数据

法兰西名人传 / 王丽主编；王灵桂分册主编 . -- 北京：当代世界出版社，2022.6
（“一带一路”列国人物传系）
ISBN 978-7-5090-1505-6

Ⅰ . ①法… Ⅱ . ①王… ②王… Ⅲ . ①人物－列传－法国 Ⅳ . ① K835.65

中国版本图书馆 CIP 数据核字 (2019) 第 100825 号

书　　名：“一带一路”列国人物传系 · 法兰西名人传
出 品 人：丁　云
责任编辑：刘娟娟　魏银萍
封面设计：
出版发行：当代世界出版社
地　　址：北京市东城区地安门东大街70-9号
邮　　编：100009
邮　　箱：ddsjchubanshe@163.com
编务电话：(010) 83907528
发行电话：(010) 83908410（传真）
　　　　　13601274970　18611107149　13521909533
经　　销：新华书店
印　　刷：北京中科印刷有限公司
开　　本：880毫米 × 1230毫米　1/32
印　　张：8.75
字　　数：153千字
版　　次：2022年6月第1版
印　　次：2022年6月第1次
书　　号：ISBN 978-7-5090-1505-6
定　　价：42.00元

《“一带一路”列国人物传系》编辑委员会

总　序

群星闪耀“一带一路”

2013 年 9 月 7 日，中国国家主席习近平在哈萨克斯坦纳扎尔巴耶夫大学发表演讲，以博古通今的睿智对大学生们娓娓道来丝绸之路古老而年轻的故事。

“2100 多年前，中国汉代的张骞肩负和平友好使命，两次出使中亚，开启了中国同中亚各国友好交往的大门，开辟出一条横贯东西、连接欧亚的丝绸之路。

我的家乡陕西，就位于古丝绸之路的起点。站在这里，回首历史，我仿佛听到了山间回荡的声声驼铃，看到了大漠飘飞的袅袅孤烟。这一切，让我感到十分亲切。

哈萨克斯坦这片土地，是古丝绸之路经过的地方，曾经为沟通东西方文明，促进不同民族、不同文化相互交流和合作作出过重要贡献。东西方使节、商队、游客、学者、工匠川流不息，沿途各国互通有无、互学互鉴，共同推动了人类文明进步。”[1]

[1]　《习近平谈治国理政》，北京：外文出版社，2014 年 10 月第 1 版，第 287 页。

“不同种族、不同信仰、不同文化背景的国家完全可以共享和平、共同发展。这是古丝绸之路留给我们的宝贵启示”，“为了使我们欧亚各国经济联系更加紧密、相互合作更加深入、发展空间更加广阔，我们可以用创新的合作模式，共同建设‘丝绸之路经济带’。”[1]

推己及人，高瞻远瞩，引领时代，习近平主席在阿斯塔纳[2]通过哈萨克斯坦人民，首次向世界发出了让古老的丝路精神再次焕发青春和光彩的时代宣言。

2013 年 10 月 3 日，习近平主席在印度尼西亚国会发表了题为《携手建设中国 – 东盟命运共同体》的演讲，首次向世界发出共建 21 世纪海上丝绸之路的倡议。

“东南亚地区自古以来就是‘海上丝绸之路’的重要枢纽，中国愿同东盟国家加强海上合作，使用好中国政府设立的中国 – 东盟海上合作基金，发展好海洋合作伙伴关系，共同建设 21 世纪‘海上丝绸之路’”，“发挥各自优势，实现多元共生、包容共进，共同造福于本地区人民和世界各国人民”[3]。

这个倡议和 9 月 7 日的演讲异曲同工、遥相呼应、互为

[1] 《习近平谈治国理政》，北京：外文出版社，2014 年 10 月第 1 版，第 287 页。

[2] 哈萨克斯坦首都，2019 年 3 月改名为努尔苏丹。

[3] 《习近平谈治国理政》，北京：外文出版社，2014 年 10 月第 1 版，第 293—295 页。

映衬，完整地提出了“丝绸之路经济带”和“21 世纪海上丝绸之路”的宏伟构想。

从广袤的亚欧腹地哈萨克斯坦到风光旖旎的印度尼西亚，习近平主席提出的“丝绸之路经济带”和“21 世纪海上丝绸之路”吸引了世界各国的目光。从 2013 年 9 月至 2016 年 8 月，习近平主席出访 37 个国家（亚洲 18 国、欧洲 9 国、非洲 3 国、拉美 4 国、大洋洲 3 国），对“一带一路”倡议的总体框架和基本内涵做了充分阐述。和平合作、开放包容、互学互鉴、互利共赢的丝路精神，共商、共建、共享的治理理念，驱散了“去全球化”的阴霾，为增长乏力的世界经济注入新的动能。各国纷纷将本国经济发展与中国政府制定的《推动共建丝绸之路经济带和 21 世纪海上丝绸之路的愿景与行动》规划相对接。“一带一路”倡导的政策沟通、设施联通、贸易畅通、资金融通、民心相通，正在以基础设施、经贸合作、产业投资、能源资源、金融支撑、人文交流、生态环保、海洋合作等为载体和依托，在全球掀起了投资兴业、互联互通、技术创新、产能合作的新势头。2016 年中国牵头成立有 57 个成员国加入的亚洲基础设施投资银行（AIIB），截至 2018 年 12 月 19 日成员总数增至 93 个，在 13 个国家开展 35 个项目。孟加拉国配电系统升级扩容项目、印尼全国棚户区改造项目、巴基斯坦国家高速公路项目和塔吉克斯坦杜尚别至乌兹别克斯坦道路改造项目已经获得亚投行融资支持，共商共建共享成为现实。

“一带一路”倡议得到国际社会的积极响应。2016 年 11 月 17 日，第 71 届联合国大会 193 个成员国一致赞同，通过了第 A/71/9 号决议，欢迎“一带一路”倡议，敦促各方通过参与“一带一路”倡议，促进阿富汗及地区经济发展，呼吁国际社会为开展“一带一路”建设提供安全环境保障。2017 年 3 月 17 日，联合国安理会一致通过第 2344 号决议，呼吁国际社会凝聚援助阿富汗共识，通过“一带一路”建设等加强区域经济合作，敦促各方为“一带一路”建设提供安全环境保障。

2017 年 1 月，习近平主席在联合国日内瓦总部发表题为《共同构建人类命运共同体》的重要演讲，全面深入系统阐述人类命运共同体重大理念，为解决全球性挑战提出中国方案，在国际上引起热烈共鸣，受到各方普遍欢迎和高度评价。3 月 23 日，联合国人权理事会第 34 次会议通过关于“经济、社会、文化权利”和“粮食权”两个决议，决议明确表示支持 “构建人类命运共同体”。这是人类命运共同体理念首次载入联合国人权理事会决议，标志着这一理念成为国际人权话语体系的重要组成部分。

“一带一路”不是中国的独角戏，是与亚、欧、非洲及世界各国共同奏响的交响乐。中国恪守联合国宪章宗旨和原则，坚持开放合作、和谐包容、政策沟通，培育政治互信，建立合作共识，协调发展战略，促进贸易便利化及多边合作体制机制。中国携手100多个国家和地区，依托国际大通道，以陆上沿线中心城市为支撑，以重点经贸产业园区为合作平台，共同打造的新亚欧大陆桥、中蒙俄、中国－中亚－西亚、中巴、孟中印缅、中国－中南半岛等国际经济合作走廊进展顺利，中欧班列在贸易畅通上动力强劲、风景亮丽；以海上重点港口为节点，共同建设通畅安全高效的运输通道，实现陆海联动，太平洋、印度洋、大西洋上巨轮往来频繁，互通有无。亚太经合组织、亚欧会议、大湄公河次区域合作的有关决议和文件，都体现了“一带一路”建设内容。丝路基金、开发性金融、供应链金融汇聚全球财富，建设绿色、健康、智慧、和平的丝绸之路，增进各国民众福祉。

“一带一路”是人类历史上前所未有的宏伟蓝图，也是横跨亚非欧连接世界各国的暖心红线。丝绸之路经济带包括中国经中亚、俄罗斯至欧洲（波罗的海），中国经中亚、西亚至波斯湾、地中海，中国至东南亚、南亚、印度洋；21世纪海上丝绸之路包括从中国沿海港口过南海到印度洋再延伸至欧洲和南太平洋。一路驼铃声声、舟楫相望，互通有无、友好交往。

在新的时代，在创新古老丝路精神的伟大进程中，习近平主席专门缅怀丝路开拓者，特意致敬古丝路精神奠基人：

“我们的祖先在大漠戈壁上‘驰命走驿，不绝于时月’，在汪洋大海中‘云帆高张，昼夜星驰’，走在了古代世界各民族友好交往的前列。甘英、郑和、伊本·白图泰是我们熟悉的中阿交流友好使者。丝绸之路把中国的造纸术、火药、印刷术、指南针经阿拉伯地区传播到欧洲，又把阿拉伯的天文、历法、医药介绍到中国，在文明交流互鉴史上写下了重要篇章。

千百年来，丝绸之路承载的和平合作、开放包容、互学互鉴、互利共赢精神薪火相传。”[1]。

这种吃水不忘挖井人的情怀，再次展现了中华民族不忘历史、纪念先贤、展望未来的优秀文化基因，也为中国传记文学学会参加“一带一路”建设指明了方向和道路。

在古老的丝绸之路上，我们不曾相忘：张骞出使西域到过的世界上最大的内陆国家哈萨克斯坦、山高水长的好邻居巴基斯坦、横跨欧亚大陆的俄罗斯、草原之国蒙古、喜马拉雅浮世天堂尼泊尔、菩提恒河保佑之国印度、文化瑰宝伊朗、首创法典之国伊拉克、红海门户也门、石油王国沙特阿拉伯、波斯湾明珠巴林、雪松之国黎巴嫩、海湾之秀科威特、沙漠之巅阿联酋、半岛明珠卡塔尔、霍尔木兹海峡守门人阿曼、

[1] 习近平：《弘扬丝路精神，深化中阿合作》，2014年6月5日，习近平在中—阿合作论坛第六届部长级会议开幕式上的讲话，载《人民日报》，2014年6月6日，第1版。

万湖之国白俄罗斯、欧亚十字路口土耳其，流着奶和蜜之地以色列、欧洲粮仓乌克兰、亚平宁半岛上的文化巅峰意大利、欧洲屋脊瑞士、玫瑰之国保加利亚、与灵魂对话的思辨之国德意志、欧洲文化殿堂法兰西、欧洲客厅比利时、郁金香之国荷兰、热情如火的西班牙，还有绅士国度英国、北非金字塔之国埃及、非洲屋脊埃塞俄比亚、香草之都马达加斯加，等等。

沿着海上丝绸之路，我们会领略橡胶王国马来西亚、花园国度新加坡、千岛之国菲律宾、赤道翡翠之国印度尼西亚；沿澜沧江一路南下，我们不曾相忘澜湄泽润之国越南、千佛之国泰国、微笑之国柬埔寨、万象之都老挝、印度洋上明珠之国斯里兰卡、印度洋上的明珠和钥匙毛里求斯、堆金积玉之国文莱、追求自由之国东帝汶、印度洋上的世外桃源马尔代夫、骑在羊背上的国家澳大利亚、上帝的后花园新西兰，等等。

“一带一路”沿线国家里，那些千百年来影响了人类与社会发展、国家与民族命运，并与中国曾经有过交往的古今人物，至今还能在教科书、影视剧里看到他们，还能感受到他们在一代又一代年轻人身上所产生的影响和魅力。

当然，对于中国人来说，更为熟悉的是丝绸之路的开拓者。曾记否？丝绸之路开拓者中，有汉武帝和他的使节们，有首开大唐盛世的唐太宗及其臣民，有再续睦邻通商航海路的宋祖朝廷和无数先贤，还有金戈铁马风漫卷的元代人物，一统江山万里帆的明代人物，环球凉热自清浊的清代人物，东西碰撞溅火花的近代人物，还有经受风雨变迁、勇立海国之志的现代人物，更有丝路明珠敦煌莫高窟的守护者，卫国助邻的将军和通司中外的外交家们。当然，数风流人物，还看今朝，我们不能不浓墨重彩地讴歌那些智通商海，投身到新丝路建设中的当代人物。

耕云播雨，香火延续，智慧传承，历史再续！2100 多年的友好交往历史从未隔断，惠及三大洲的中西交流从未停歇，21 世纪的“中国梦”和“世界梦”汇成了人类命运共同体的时代和弦，响彻在“一带一路”辽阔的长空。也正因如此，2017 年 5 月，北京喜迎来自“一带一路”相关国家的元首、政府首脑、前政要、知名企业家和专家学者等各界代表，以及国际组织的负责人等千名领袖，出席第一届“一带一路”国际合作高峰论坛。“千人盛会”共襄“团结互信、平等互利、包容互鉴、合作共赢”[1]之盛举，共商“造福沿途各国人民的大事业”[2]之合作共赢大计。这是中华民族和世界历史上都应该铭记的大日子。

以人物传记写作为己任的中国传记文学学会，在“一带

[1] 习近平：《弘扬人民友谊，共创美好未来》，2013 年 9 月 7 日，习近平主席在哈萨克斯坦纳扎尔巴耶夫大学的演讲。
[2] 同上。

一路”倡议实施中，肩负“讲好‘一带一路’民心相通好故事”的使命和责任，这也是国家赋予我们的根本职责和任务。在中国文学艺术界联合会的领导下，在中国社会科学院国家全球战略智库指导下，中国传记文学学会以赤诚的家国情怀、强烈的时代精神、为人传记的责任担当，在认真调研、周密谋划、精心组织基础上，毅然决定倾注全力组织编写出版《“一带一路”列国人物传系》。此煌煌百卷传系讲述近千名各国人物故事，集数百位专家作家尽心挥毫，夜以继日，……幸得中国民营经济国际合作商会倾力赞助，又得中央文化企业当代世界出版社有限公司出版发行。于是，各位读者得以读到手中的这套活泼而不失厚重、有趣而不失学养的列国人物合传书卷。

孔子曰：“仁者，人也”。让各国的先贤智者的思想光辉，照亮我们探索人类未来的道路。

传记明志，落笔为文，是为总序。

中国传记文学学会会长

《“一带一路”列国人物传系》编委会主任　王丽博士

2019年3月30日

Introduction: The Star-studded “Belt and Road”

On September 7, 2013, Chinese President Xi Jinping delivered a speech at Kazakhstan’s Nazarbayev University, telling college students the ancient yet up to date stories of the Silk Road with well-versed wisdom.

“More than 2,100 years ago during the Han Dynasty (206 BC-AD 220), a Chinese envoy named Zhang Qian was twice sent to Central Asia on missions of peace and friendship. His journeys opened the door to friendly contacts between China and Central Asian countries, and started the Silk Road linking east and west, Asia and Europe.

Shaanxi, my home province, is right at the starting point of the ancient Silk Road. Today, as I stand here and look back at that history, I seem to hear the camel bells echoing in the mountains and see the wisp of smoke rising from the desert, and this gives me a specially good feeling.

Kazakhstan, located on the ancient Silk Road, has made an important contribution to the exchanges between the Eastern and Western civilizations and the interactions and cooperation between various nations and cultures. This land has borne witness to a steady stream of envoys, caravans, travelers, scholars and artisans traveling between the East and the West. The exchanges and mutual learning thus jointly promoted the progress of human civilization."[1]

"Countries of different races, beliefs and cultural backgrounds are fully able to share peace and development. This is the valuable inspiration we have drawn from the ancient Silk Road," and "to forge closer economic ties, deepen cooperation and expand development space in the Eurasian region, we should take an innovative approach and jointly build an economic belt along the Silk Road." [2]

With caring, vision and leadership, through the people of Kazakhstan in Astana[3], President Xi Jinping, for the first time, has made a declaration to the world that will rejuvenate the spirit of the ancient Silk Road.

On October 3, 2013, President Xi Jinping gave a speech titled "Work together to build a China-ASEAN community with a shared future " at the people's Representative Council of Indonesia, proposing to the world to build a 21st Century Maritime Silk Road.

"Southeast Asia has since ancient times been an important hub along the ancient Maritime Silk Road. China will strengthen maritime cooperation with the ASEAN countries, and the China-ASEAN Maritime Cooperation Fund set up by the Chinese government should be used to develop maritime partnership in a joint effort to build the 'Maritime Silk Road' of the 21st century." And "the two sides need to give full rein to our respective strengths to enhance diversity, harmony, inclusiveness and common progress in our region for the benefit of both our people and the

[1] Xi Jinping: The Governance of China. 1st ed., Foreign Languages Press, Beijing, October 2014, p.287.

[2] Ibid, at 287.

[3] Astana: The former capital of Kazakhstan, which was renamed Nur Sultan in March 2019.

people outside the region."[1]

This initiative and the speech on September 7 both express the same idea and echo with each other, completing a grand vision of the "Silk Road Economic Belt" and the "21st Century Maritime Silk Road".

From Kazakhstan in the vast Eurasian hinterland to the beautiful scenery of Indonesia, President Xi Jinping's proposed "Silk Road Economic Belt" and "21st Century Maritime Silk Road" have attracted the attention of countries all over the world. From September 2013 to August 2016, President Xi visited 37 countries (18 in Asia, 9 in Europe, 3 in Africa, 4 in Latin America and 3 in Oceania), and fully elaborated on the overall framework and basic connotation of the "Belt and Road" initiative. The Silk Road spirit of peace and cooperation, openness and inclusiveness, mutual learning, and mutual benefit, combined with the idea that projects should be jointly built through consultation to meet the interests of all, dispels the haze of "de-globalization" and injects new kinetic energy into the sluggish growth of the world economy. Many countries have linked up their own economic development to the "Vision and proposed actions outlined on jointly building Silk Road Economic Belt and 21st Century Maritime Silk Road" proposed by the Chinese government.

The "Belt and Road" initiative advocates policy coordination, facilities connectivity, unimpeded trade, financial integration, and people-to-people bond. With the emphasis on infrastructure build-up, economic and trade cooperation, industrial investment, energy resources development, financial support, people-to-people exchanges, ecological environmental protection, and marine cooperation, the initiative has set off a new

[1] Xi Jinping: The Governance of China. 1st ed., Foreign Languages Press, Beijing, October 2014, pp.293-295.

momentum in investment, trade activity, technological innovation, and production capacity cooperation in the world. In 2016, China led the establishment of the Asian Infrastructure Investment Bank (AIIB), which was joined by 57 member states. As of Dec 19, 2018, the total number of members increased to 93, and 35 projects had been carried out in 13 countries. The Bangladesh Power Distribution System Upgrade Expansion Project, the Indonesia National Shanty Town Transformation Project, the Pakistan National Highway Project and the Tajikistan Dushanbe-Uzbekistan Border Road Improvement Project have received financial support from the AIIB. The idea of joint project implementation through consultation to meet the interests of all has since turned into reality .

The "Belt and Road" initiative has drawn strong and positive feedback from the international community. On November 17, 2016, the 71st session of the 193 members of the United Nations General Assembly unanimously endorsed the adoption of resolution A/71/9 to welcome the "Belt and Road" proposal, encouraging all of its member states to boost economic development of Afghanistan and the region through participation in the proposed project. In addition, it called on the international community to provide a safe and secure environment for the implementation of the initiative. On March 17, 2017, the United Nations Security Council unanimously adopted resolution NO. 2344, and called on the international community to rally assistance to Afghanistan, and strengthen regional economic cooperation through the "Belt and Road" strategy, etc. It also urged all parties to provide a safe and secured environment for carring out the program.

In January 2017, President Xi Jinping delivered a keynote speech at the United Nations Office at Geneva titled "Work Together to Build a Community of Shared Future for Mankind", comprehensively and systematically elucidated the fundamental idea of a community with a shared future for mankind, and proposed Chinese Solutions to global problems, which echoed enthusiastically in the international community and was widely welcomed and highly applauded by many countries, organizations and political parties. At its 34th meeting, on March 23, the United Nations Human Rights Council adopted two resolutions on "economic, social and cultural rights" and "the right to food", which clearly stated the need to "build a community with a shared future for mankind". This is the first time the concept of a community with a shared future for mankind has been incorporated into a UN Human Rights Council resolution, and it has become an important part of the international human rights discourse system.

The "Belt and Road" is not a solo play by China only, but a symphony played in concert with Asia, Europe, Africa and countries around the world. China abides by the purposes and principles of the UN Charter, advocates openness and cooperation, espouses harmony and inclusiveness, supports policy coordination, fosters political mutual trust, builds consensus on cooperation, coordinates development strategies and promotes trade facilitation and the institutional mechanisms of multilateral cooperation. China has joined hands with more than 100 countries and regions to co-create a new Eurasian continental bridge. This has been accomplished by taking advantage of international transport routes that are supportive of the central cities along the "Belt and Road", and building key economic and trade industrial parks as a platform for cooperation. China-Mongolia-Russia, China-Central Asia-West Asia, China-Pakistan, Bangladesh-China-India-Myanmar, China-Indochina Peninsula and other international economic cooperation corridors are progressing smoothly. China Railway Express accentuates trade and shipping overland between China and Europe with a bright future. Meanwhile, key sea ports also serve as the nodes to jointly build a smooth, safe and efficient transportation network, and hence enables a close connection between land and sea routes. Together with the overland cargo train transportation, the frequent cargo ships sailing on the Pacific, Indian and Atlantic Oceans pose an amazing picture. In summary, the relevant resolutions and documents of the Asia-Pacific Economic Cooperation, the Asia-Europe Meeting, and the Greater Mekong Subregion Economic Cooperation program all embody the "Belt and Road" initiative. By bringing together the world's wealth, Silk Road Fund, development finance, and supply chain finance strive to build a green, healthy, intelligent and peaceful Silk Road, and enhance the well-being of people around the globe.

The "Belt and Road" is a grand blueprint that has never been seen in human history. It is also a warm heart line that connects Asia, Africa and Europe to countries around the world. The Silk Road Economic Belt includes China via Central Asia, Russia to Europe (Baltic Sea), China via Central Asia, West Asia to the Persian Gulf, the Mediterranean Sea, China to Southeast Asia, South Asia, and the Indian Ocean; the 21st Century Maritime Silk Road includes from China's coastal ports to the South China Sea as well as the Indian Ocean that extends to Europe and the South Pacific. Friendly exchanges among countries are just a camel-ride and a boat trip away from each other.

In this new era and the great course of renovating the spirit of the ancient Silk Road, President Xi Jinping dedicated to cherish the pioneers of the Silk Road and particularly pay tribute to the founders of the spirit of the ancient Silk Road:

“In ancient times, our ancestors struggled through deserts and sailed in boundless seas to transport Chinese products to countries overseas, taking a lead in international friendly contact. Along that path, Kan Ying, Zheng He and Ibn Battuta were all known as envoys of this China-Arab friendship. Through the Silk Road, Chinese inventions like paper-making, gunpowder, printing and the magnetic compass were spread to Europe, and Arabic conceptions like astronomy, the calendar and medicine were introduced to China.

For hundreds of years, the spirit that the Silk Road bears, namely, peace and cooperation, openness and inclusiveness, mutual learning, mutual benefits and win-win results, has lived on through generations.”[1]

There is a Chinese saying that when you drink the water, think of those who dug the well. The implication that the Chinese people never forget history is clearly demonstrated in our excellent cultural tradition of commemorating the sages and at the same time looking forward to the future. It also points out the direction and path for the Chinese Biographical Literature Society to participate in the “Belt and Road” initiative.

On the ancient Silk Road, we have never forgotten Zhang Qian's diplomatic missions to the western regions in Han Dynasty that include Kazakhstan, the good neighbor Pakistan with high mountains and beautiful rivers, crossing Eurasia country Russia, grassland country Mongolia, Himalaya floating paradise Nepal, Bodhi Ganges blessed country India, cultural treasure Iran, the first Codex System member

[1] Xi Jinping: “Promoting the Silk Road Spirit and Deepening China-Arab Cooperation.” Key note speech at the opening ceremony of the 6th Ministerial Meeting of the China-Arab States Cooperation Forum, June 6, 2014, People’s Daily, section one.

country Iraq, Red Sea gateway Yemen, oil kingdom Saudi Arabia, the Persian Gulf pearl Bahrain, cedar country Lebanon, Gulf Star Kuwait, desert peak UAE, the Peninsula pearl Qatar, and Oman—the gatekeeper of Hormuz Strait, thousand-lake country Belarus, Turkey at the Eurasian crossroads, Israel—a land flowing with milk and honey, Ukraine of European granary, Italy—the cultural pinnacle of Apennines, Switzerland on the top of Europe, rose country Bulgaria, and Germany, a nation famous for great thinkers, France, the center of the European culture, the welcoming and comfortable Belgium, tulip country Netherlands, the warm and sunny Spain, as well as the elegant England, pyramid country Egypt in North Africa, Ethiopia on the roof of Africa, the Vanilla Capital country Madagascar, and so on.

Along the Maritime Silk Road, we will come across Malaysia, the country of rubber, garden country Singapore, the Thousand Islands country Philippine, and Indonesia, an emerald on the equator line. Down the Lancang-Mekong River all the way south, we will experience Vietnam whose land moistened by the Lancang-Mekong River, Thailand, the country of thousand Buddhas, the smiling country of Khmer Cambodia, and Laos, the "Land of a Million Elephants". On the Indian Ocean, we will also see the ocean pearl Sri Lanka, the ocean star and key Mauritius, the rich and abundant Brunei, the freedom seeker East Timor, the idyllic Maldives, and Australia, a country on the back of the sheep, New Zealand, the back garden of God, and so on.

In the countries along the Belt and Road, those ancient and modern figures who have influenced human and social development, the destiny of countries and nations for thousands of years, and have had dealings with China are still seen in today's textbooks, movies and television dramas. Their influence and charm are still felt by generations of young people.

Certainly, for the Chinese people, we are more familiar with the pioneers of the Silk Road. Have we ever remembered? Among the trail blazers of the Silk Road were Emperor Wu of Han Dynasty and his envoys, Emperor Li Shimin, the co-founder of the Tang Dynasty that epitomized a golden age and his subjects, the Song imperial court and numerous sages who continued good-neighbor practice and friendly maritime navigation, as well as the Yuan Dynasty warriors who led armored cavalry with shining spears, the Ming Dynasty figures who unified the country, and the Qing Dynasty characters who maintained a clear mind during global turmoil, as well as the modern individuals who, by learning from both the west and the east in a time of rapid change, had the courage to build a sea power nation. There were also the guardians of Dunhuang Mogao Grottoes known as the Silk Road Pearl, the generals who safeguarded the country and helped the neighbors, and the diplomats who convey information and messages between China and foreign countries. Without a doubt, it is our current era that features true heroes. We can not praise highly enough the contemporary people who have been plunging themselves into the development of the new Silk Road.

Hard work pays off, family line continues, wisdom passes on, and history pushes forward! The history of friendly exchanges for more than 2,100 years has never ceased, and traffic between China and the West, which benefits the three continents, has been nonstop. The “Chinese Dream” and “World Dream” in the 21st century have become the chord of our time for humanity’s shared future, resounding on the “Belt and Road”. For this reason, in May 2017, Beijing welcomed thousands of leaders from all walks of life, including heads of government, former eminent statesmen, well-known entrepreneurs, distinguished experts and scholars from the "Belt and Road" countries, as well as leaders of international organizations to attend the first "Belt and Road" Forum for International Cooperation. This grand event of "Thousands of people's meeting" shared "solidarity, mutual trust, equality, inclusiveness, mutual learning and win-win cooperation"[1] and exchanged views on this "great undertaking benefiting of the people of all countries along the route".[2] This is a big day that should be remembered in the history of the Chinese nation and the world.

In the implementation of the "Belt and Road" initiative, the Chinese Biographical Literature Society that devotes to biography writing, takes as its the mission "telling the good stories" of the "Belt and Road", which is also the responsibility entrusted to us by the state.

Under the leadership of the China Federation of Literary and Art Circles and the guidance of the National Global Strategic Think Tank of the Chinese Academy of Social Sciences, the Chinese Biographical Literature Society, with its love for the family and the nation, a keen spirit of the age and the responsibility of writing decent biographies, by careful research, thorough planning and thoughtful organization, made an unwavering decision to devote itself to organizing and publishing the "The Legend of the People along the Belt and Road nations". These brilliant volumes of biographies tell the stories of nearly a thousand national characters, involving laborious work from hundreds of expert writers who had been writing day and night over last year. Our gratitude extends to China International Chamber of Commerce for the Private Sector

[1] Xi Jinping: "Promote Friendship between Our People and Work Together to Build a Bright Future." Keynote speech at Nazarbayev University in Kazakhstan, September 7, 2013.

[2] Ibid.

for their sponsorship, and Contemporary World Publishing House Co., Ltd., a central state cultural enterprise, for the publication distribution. Thanks to their generosity and effort, readers now have the opportunity to read the vivid yet serious and interesting yet enlightened biographies of outstanding people from many nations.

Confucius said, "Benevolence is the characteristic element of humanity." Let the brilliant ideas of the wise men of all nations light up our path to explore the future of mankind.

The biographies are written for high ideals. Herein is the introduction.

President of the Chinese Biographical Literature Society
Director of the Editorial Board of
"The Legend of the People along the 'Belt and Road'"
Dr. Wang Li
March 30, 2019

目 录

Contents

一带一路

引　言

20 世纪法国有许多农场，农场主大多是当地特别有权势的人。在法国北部的一个大农场里，农场主的女儿很美丽，而农场里放牧的小伙子为人憨厚长相英俊，两个人日久生情，坠入爱河。但是很快，他们的爱情被女孩父亲发现，父亲责令把那名小伙子赶出农场，永远不得和女孩见面。女孩苦苦哀求父亲，最后，农场主出了个难题，如果他们在三天内把“牛奶装到蛋里面”，就成全他们，否则，小伙子将被发配到遥远的法国南部。

聪明的小伙子和姑娘在糕点房里做出了一种大家都没见过的点心——乐夫蛋，外面和鸡蛋壳一样酥脆，并且有着鸡蛋的色泽，而且主要的原料也是鸡蛋，里面的馅料是结了冻的牛奶。独特的点心赢得了农场主的认可，后来女孩和小伙子成为夫妻，并在法国北部开了一个又一个售卖代表甜蜜和爱心的小点心店。小伙子名字的第一个发音是“泡”，姑娘名字的最后一个发音是“芙”，因此，他们发明的小点心就被取名叫“泡芙”。从这一个法式甜点的由来，我们可以了解到法国的美食文化。

有人说过，放眼全球来看，最懂得吃的莫过于中国与法国。法国人热爱美食，借美食来舒缓心情，传递文化。如果说中国饮食特色是取材广泛、流派众多，“色、香、味、形”俱全，那么法国饮食的特色则可以归结为“精致”二字。真正让法国在世界范围内有名的是葡萄酒、面包和奶酪。法国人尤其爱饮葡萄酒。他们吃饭很讲究菜肴和酒的搭配，如：吃肉饮红葡萄酒，吃鱼饮白葡萄酒等。在欧洲，可以毫不夸张地说，欧洲人的佳肴大都出自法国人之手。

法兰西共和国（法语：République française，英语：the French Republic），简称法国（France）。法国位于欧洲西部，总面积 63 万平方千米，其中本土面积 55 万平方千米，海外领土包括南美洲和南太平洋的一些地区，共设 4 个海外省（即 1 个海外大区辖有 1 个海外省）、4 个海外领地和两个具有特殊地位的行政区。法国是欧洲国土面积第三大、西欧面积最大的国家，本土与德国、意大利、瑞士、西班牙、比利时等众多国家接壤，边境线总长度为 5695 千米，其中海岸线为 2700 千米，陆地线为 2800 千米，内河线为 195 千米。西部属温带海洋性气候，南部属亚热带地中海气候，中部和东部属温带大陆性气候。总人口为 6699 万（2018

年），法兰西族为主要民族，约占法国人口的 90%。少数民族有阿尔萨斯族 (Alsacien)、弗拉芒族 (Flamands)、布列塔尼族（Breton）、巴斯克族（Basque）、科西嘉族（Corse）等。法国大多数人信奉天主教，部分人信奉伊斯兰教、犹太教、佛教等宗教，另有 28% 的人自称无宗教信仰（2009 年《十字报》调查数据）。法语是法国官方语言。

法国国旗三色旗原为法国大革命时期的巴黎国民自卫队队旗，1946 年宪法确认其为国旗。蓝色是自由的象征，白色是平等的象征，而红色代表了博爱。三色带的宽度比为 37:30:33。

法国没有正式国徽，但传统上采用大革命时期的纹章作为国家的标志。纹章为椭圆形，绘有大革命时期流行的标志之一——束棒，这是古罗马高级执法官用的权标，是权威的象征。束棒两侧饰有橄榄枝和橡树枝叶，其间缠绕的饰带上用法文写着“自由、平等、博爱”。整个图案由带有古罗马军团勋章的环带饰品所环绕。

法国早期被称为高卢，直到今天，“高卢雄鸡”仍为法国的昵称。公元 481 年，法兰克人击败罗马帝国在高卢的势力，建立法兰克王国，定都巴黎。公元 800 年，法兰克王国国王查理曼在罗马被加冕为皇帝，法兰克王国扩张为法兰克帝国，也称查理曼帝国。公元 843 年，查理曼的三个孙子在

《凡尔登条约》中三分祖父创建的帝国，大体奠定了今天法国、德国、意大利的疆域。其后的 500 多年间，法国处于封建领主割据时期，1453 年法国在英法百年战争中获胜，开始成为欧洲大国之一。路易十四亲政期间（1661—1715 年），法国一度成为欧洲霸主。1789 年法国大革命开辟了法国历史的新篇章，也对世界历史产生了重大影响。今天的法国国庆日为法国大革命爆发的 1789 年 7 月 14 日。大革命后，法国经历了两次复辟帝制，还在第二次世界大战期间出现了投降德国的维希伪政权。今天的法国为第五共和国。现行第五共和国宪法于 1958 年 9 月公民投票通过，10 月 4 日生效，是法国历史上第 16 部宪法。曾进行过多次修改。

法国实行半总统共和制，总统为国家元首和武装部队统帅，任期 5 年，由选民直接选举产生。总统任免总理并批准总理提名的部长；主持内阁会议、最高国防会议和国防委员会；有权解散议会，但一年内不得解散两次；可不经议会将某些重要法案直接提交公民投票表决；在非常时期，总统拥有“根据形势需要采取必要措施”的权力。在总统不能履行职务或空缺时，由参议院议长暂行总统职权。法国总理主要的职责是主持内政的日常运作，并负责国家的防务和保证法律的实施。总理和内阁向议会负责。

法国议会实行两院制：国民议会和参议院。国民议会共有 577 名议员，任期 5 年，采用两轮多数投票制，由选民直接选举产生。参议院共 348 席，由国民议会和地方各级议会议员组成选举团间接选举产生，任期为 6 年，每 3 年改选二分之一。议会拥有制定法律、监督政府、通过预算、批准宣战等权力。

司法分为两个相对独立的司法管辖体系，即负责审理民事和刑事案件的普通法院与负责公民与政府机关之间争议案件的行政法院。

法国实行多党制，主要政党有：（1）“共和国前进”党，今执政党，国民议会第一大党。前身为马克龙于 2016 年 4 月领导创建的“前进”运动，核心创始成员大多来自社会党改革派和民间社会，2017 年 5 月更名为“共和国前进”党。（2）共和人党，参议院第一大党，原称人民运动联盟，2015 年 5 月更改为现名。核心为原“保卫共和联盟”（戴高乐党），并吸收了自由民主党和法兰西民主联盟的主要力量。（3）社会党，在野党，属中左翼政党。2012 年 5 月，社会党候选人奥朗德当选为法国总统。2017 年 5 月，原社会党人、今“共和国前进”党主创人马克龙当选法国总统，2017 年 6 月立法选举中，社会党与左翼激进党等组成的左翼联盟共获 45 席。（4）法国共产党，2017 年 6 月立法选举中，以法国共产党为首的左翼联盟共获 27 席。

法国是世界上经济最发达的国家之一。据世界银行报告，2018年法国GDP总量为2.7946.96亿美元，居世界第六位，仅次于美国、中国、日本、德国和英国，人均GDP在全球排名第24位。法国农业极度发达，是世界主要农业大国。葡萄酒产量居世界首位。农副产品出口居世界第一，占世界市场的11%。工业方面，在核电、航空、航天和铁路方面居世界领先地位。钢铁、汽车、建筑为其工业的三大支柱。服务业在法国的经济和社会生活中占有举足轻重的地位，服务业产值占国内生产总值的75%以上。

法国是世界贸易大国，2018年，法国货物贸易进出口总额约12550亿美元，世界排名第六，进口世界排名第六。其中，法国货物贸易出口额为5820亿美元，占全球出口总量3%；进口总额约6730亿美元，占全球进口总量的3.4%。法国是全球第七大商品出口国，第六大商品进口国。按出口货物类型统计，机电产品、运输设备和化工产量是法国的主要出口商品。2018年1—3月其出口额分别为293.8亿美元、283.4亿美元和246.4亿美元，占法国出口总额分别为19.6%、18.9%和16.4%。其中，运输设备出口增幅在20%以上，机电产品和化工产品增长约为18.8%。以上三类产品同时也是法国进出口的前三大类商品，2018年1—3月合计进口前三类商品835.2亿美元，占法国进口总额的47.5%。

法国被人称为欧洲文化殿堂，巴黎是吸引全球目光的欧洲文化之都。巴黎有许多称号，如“灯光之城”“世界花都”“时尚之都”等等，是世界上最受欢迎的旅游目的地城市，其商业、娱乐、美食、时尚、艺术和文化都是值得细细品味的。这里的景点更是举世闻名，一年之中的春夏秋冬任何季节里都是游人如织，例如埃菲尔铁塔、凯旋门、巴黎圣母院、卢浮宫等。每年，全世界很多文艺活动和著名赛事在巴黎举行，比如时装、赛车、足球、科技博览等等。

法国人爱好社交，善于交际。对于法国男女来说，社交是人生的重要内容，在法国没有社交活动的生活是不可想象的。法国人幽默而又天性浪漫，喜欢高谈阔论，经常开玩笑，他们不喜欢话少的人，讨厌愁眉苦脸的人。法国人是世界上最著名的“自由主义者”，“自由”“平等”“博爱”被法国宪法定为本国的国家箴言。法国人拥有极强的民族自尊心和民族自豪感，在他们看来，法国的一切都是最好的。与法国人交谈时，如能讲几句法语，一定会使对方刮目相看，热情有加。在人际交往中，法国人所采取的礼节主要有握手礼、拥抱礼和吻面礼。法国人十分看重礼尚往来，送礼特别地讲究。他们大多选艺术品和有纪念意义的物品，而不送重金，不送刀剑，不做广告。法国香水是情人间最好的礼物。在接受礼品时，如果不当着送礼者的面打开包装并表示谢意，在法国被视为是一种无礼的表现。

法国文化在中国影响巨大。孟德斯鸠、伏尔泰、卢梭、雨果、巴尔扎克、司汤达、福楼拜、狄德罗等名字，很多中国人都耳熟能详。法国的艺术、建筑、体育、美食、时尚、电影在中国也有广泛吸引力。

法国同中国革命和发展有着深厚的历史渊源。20 世纪初，数千名中国青年漂洋过海，到法国学习知识技术，寻求救国救民之路。他们之中，一部分人成为新中国的缔造者和改革开放的开创者，如周恩来、邓小平、蔡和森、陈毅、李富春、聂荣臻，还有很多人成为现代中国科技、文化和艺术领域的领军人物或学科奠基人。

法国是第一个同中华人民共和国建立大使级外交关系的西方大国。1964 年，在东西方冷战背景下，法国的果断决策体现了独立自主精神，赢得了中国人民的尊重，也为后来中法关系的发展奠定了基调。

中法作为重要领域的重要合作伙伴之一，两国合作进展顺利。据欧盟统计局统计，2014 年中法双边贸易额为 550.2 亿美元，较上年增长 5.3%。其中，法国对中国出口 213.2 亿美元，增长 9.0%，占法国出口总额的 3.7%，提高 0.3 个百分点；法国自中国进口 336.9 亿美元，增长 3.1%，占法国进口总额的 5.0%，提高 0.2 个百分点；法方逆差 123.7 亿美元，下降5.7%。其后两年，中法双边贸易额有所下降。2015年，中法双边贸易额为514.2亿美元，同比下降7.8%。2016年，中法双边贸易额为471.3亿美元，同比下降8.2%。2017年前三个季度有较大幅度回升，中法双边贸易额为391.9亿美元，增长12.1%。特别是到了2018年1—3月，中法双边贸易额为139.8亿美元，同期增长20.6%。其中，法国对中国出口48.6亿美元，增长16.3%，占法国出口总额的3.2%；法国自中国进口91.2亿美元，增长23.0%，占法国进口总额的5.2%；法国与中国的贸易逆差42.7亿美元，增长31.6%。截至2018年3月，中国为法国第八大出口市场和第六大进口来源地。

法国自古就是丝绸之路的重要沿线国家。如今，中国国家主席习近平提出的“一带一路”倡议，使中法“一带一路”合作从经济、科技到文化都出现了新的局面。

2018年1月9日，中国国家主席习近平在人民大会堂同法国总统马克龙举行会谈。两国元首一致同意，秉承友好传统，推动紧密持久的中法全面战略伙伴关系行稳致远。

在漫长的历史中，法国出现了一个又一个对世界有着极大影响的人，如查理大帝是查理曼帝国的创建人，曾统一了大半个欧洲，在他统治时期，欧洲出现了崇尚文化、崇尚学术研究的新风气，史称“加洛林文艺复兴”（Carolingian

Renaissance），被认为是“欧洲的第一次觉醒”。

路易十四是法国、同时也是欧洲历史上在位时间最长的君主，他支持文艺复兴，让法兰西王国成为当时欧洲最强大的国家。

拿破仑 35 岁创造法兰西第一帝国，有力地捍卫了法国大革命的胜利果实，他领导创制的《拿破仑法典》基本确立了资本主义社会的立法规范。

伏尔泰是法国历史上著名的启蒙思想家、文学家和哲学家，被称作 18 世纪法国资产阶级启蒙运动的泰斗、“法兰西思想之王”和“欧洲的良心”。

孟德斯鸠是一位百科全书式的学者，西方国家学说和法学理论的奠基人，最著名且影响最大的理论就是“三权分立”。

卢梭是启蒙运动的卓越代表之一，现代教育理论的开创者之一，浪漫主义文学的开创者，还是简谱的发明人。他的《社会契约论》是法国大革命的政治纲领，被称为“革命的圣经”。

莫泊桑是世界三大短篇小说巨匠之一，在短短的 40 年光阴中，创作了 6 部长篇小说，359 部中篇小说和 3 部游记，堪称法国历史之最。

雨果被称为“法兰西的莎士比亚”，在其长达 60 年的创作历程中共创作了 20 卷诗歌、20 卷小说、12 卷剧本、21 卷哲理论著。其中《巴黎圣母院》《悲惨世界》等作品对法国和世界都有着广泛的影响。

戴高乐在第二次世界大战期间，组建和领导自由法国军队解放了法国，创建了延续至今的法兰西第五共和国，被称为法国历史上最伟大的人。

居里夫人发现了镭和钋两种放射性元素，1903 年她和丈夫共同获得了诺贝尔物理学奖，1911 年又因放射化学方面的成就获得诺贝尔化学奖，成为世界上第一个两次获得诺贝尔科学奖的人。

这些杰出的法兰西儿女,像一颗颗灿烂明星,闪耀着光芒,指引着方向。时至今日，我们仍然能感受到他们深沉的思想，耀眼的智慧。那么，让我们捧起书卷，再次走进法国，去认识、去了解、去感受这些人的故事和魅力吧。

一带一路

Chapter 01

大半个欧洲的统治者

——查理大帝

查理大帝
大半个欧洲的统治者

公元800年，又是一个值得庆贺的日子——圣诞节前夜，一年一度的盛大节日即将开始。一切与往年一样，又不一样。路上，张灯结彩，行人匆匆，都想早些回家过节。而罗马圣彼得大教堂却在谋划着一件惊天动地的大事。查理像往常一样，双膝跪地潜心做礼拜。突然庄严的音乐响起来，教皇手里拿着一个金光闪闪的东西，在众目睽睽之下缓缓趋步，走向查理。教皇将手上的金色皇冠郑重地戴在了查理的头上。是皇冠！查理惊讶地站起来，教皇面向众人高声颂道："上帝为查理皇帝加冕！"罗马的教士一齐高呼："奥古斯都·查理承上帝之命戴上金冠！天佑我罗马人的皇帝，赐予他和平、胜利！"这里所说的"罗马人"，是指他们是原西罗马帝国的人。这个罗马帝国，已经于公元476年灭亡。教皇封查理为"罗马人的皇帝"，是指形式上恢复了罗马帝国。

查理大帝（法语/英语：Charlemagne；德语：Karl der Große；拉丁语：Carolus Magnus，742—814），法兰克王国加洛林王朝的第二代君王，查理曼帝国创建人。还是法国式扑克牌上的红桃K原型。查理在位47年，发动大规模的战争53次，亲自参加的远征达30余次。大大小小的胜利，使得法兰克王国成为统一了大半个欧洲的帝国，查理国王成为"查理曼"，"曼"就是"大帝"的意思。

查理大帝不仅文治武功显赫，而且也注意发展文化教育事业，查理帝国的政治、经济、文化、艺术等方面都达到欧洲中世纪的顶峰，他兴办学校，聘请知名学者讲学。搜集和抄写古代拉丁文和希腊文的手稿，抄写所用的文字是一种清秀优美的字母，后来稍加修改一直使用至今。他还邀请欧洲最好的建筑师、雕刻家和画家，为帝国修建修道院和教堂，修道院设立图书馆，收藏教父作品以及古希腊罗马作家的作品。他的文化教育政策对于恢复古典文明和提高欧洲人的文化水准，作出了积极的贡献，后来，欧洲史学界便把查理统治时期称为加洛林文艺复兴。

01

继承父亲王位

公元 481 年，西罗马帝国在高卢的势力被法兰克部落首领克洛维击败，克洛维建立了史上第一个法兰克人的国家，史称墨洛温王朝。法兰克王国的建立标志着西罗马帝国的完全灭亡，标志着欧洲中世纪的开始。

法兰克王国的统一并不巩固。公元 511 年，克洛维去世。法兰克王国被克洛维的 4 个儿子瓜分，国力大减。此后，这个王国长期处于分裂、混战、再统一的反复循环过程中。在这个时期，王国的中央权力微弱，雄踞一方的封建领主势力强大，王权逐步落入掌握宫廷事务的宫相之手。

查理的曾祖父和祖父都是墨洛温王朝大权实握的宫相。祖父铁锤查理（688—741 年）在 732 年率领军队击败企图进入欧洲腹地的阿拉伯军队，成为整个基督教世界的英雄。737 年法兰克国王死后，铁锤查理还是法兰克王国的唯一统治者，但他始终没有称王。

铁锤查理去世后，他的儿子丕平三世（绰号“矮子丕平”714—768 年），也就是查理的父亲继续以宫相的身份独揽大权。公元 751 年，教皇支持丕平三世废黜墨洛温王朝的希得利三世，丕平建立了史上著名的加洛林王朝。

查理于 742 年 4 月 2 日出生在比利时埃斯塔勒市，12 岁就代表父亲迎接罗马主教，18 岁随父参加了征服阿奎丹的战争。

公元 768 年父亲丕平去世后，查理与弟弟卡洛曼（751—771 年）平分了父亲建立的王国。查理获得奥斯特拉西亚、纽斯特里亚的大部分，以及卢瓦尔和加龙两河之间的地方。卡洛曼获得勃艮第、普罗旺斯、阿尔萨斯、阿勒曼尼亚和阿奎丹的东南部分。

查理是长子，然而被认为是丕平与贝尔特拉达婚前所生的儿子，卡洛曼虽然是次子，但认为自己是父母正式结婚后所生的儿子。因此，兄弟俩有些不和。在查理希望弟弟与他联手完成由他们的父亲所发动的阿奎丹战争时，卡洛曼没有按照诺言提供援助。查理只好独立完成了这一父亲遗留下来的战争，并取得了胜利。这是查理即位后的第一战，让人看到他能以最大的精力进行他所从事的事业，在他所努力争取的目的完全达到以前，他有着不屈不挠的毅力，既不间断，也不松懈。

一些人试图利用查理兄弟的矛盾破坏他们的联盟，甚至希望他们进行战争。在这种阴谋尚未得逞之前，年仅 20 岁的卡洛曼于公元 771 年去世，29 岁的查理成为法兰克王国唯一的统治者。

02

南征北战，戎马一生

查理的弟弟卡洛曼死后，他的王后便带着失去了继承权的儿子逃往伦巴底寻求保护，随同前往的还有原卡洛曼王国的一些贵族，法兰克王国存在着再度一分为二的可能性。

其时，统治意大利北部的伦巴底国王是查理的岳父德西迪里厄斯。伦巴底国王并不偏袒他的女婿，而是向罗马教皇哈德良施压，要求让卡洛曼的儿子重新获得继承权。查理不愿意把半个法兰克王国交给幼小的侄子，就于771年与德西迪里厄斯的女儿离了婚。

伦巴底王国虽然与法兰克王国联姻，但也不时交战。查理的父亲丕平就曾经于754年和756年两次征战伦巴底王国，并将从伦巴底王国夺取的大片领土交给教皇管辖，史称“丕平献土”。德西迪里厄斯见教皇迟迟不答复自己，便扬言要派兵攻打教皇，收回故土。罗马教皇派人来到法兰克，希望查理把军队的指挥权划归在教皇手下，以便向伦巴底国王挑战。查理既不想交出原来由弟弟继承的领土，又想把意大利北部收为己有，就同意了教皇的要求。

公元774年冬，查理以解救教皇的厄难为名，正式向意大利进军。伦巴底军招架不住，退回了都城帕维亚。德西迪里厄斯一边依靠坚固的城墙进行防御，一边派出使者出城向查理乞和。但勇猛顽强的查理不达目的誓不罢休，他下令在帕维亚城外扎下营帐，法兰克军队在凛冽的寒风中整整围困了帕维亚城一个冬天，终于迫使弹尽粮绝的德西迪里厄斯出城投降。“尊敬的父亲，您还是去您该去的地方吧！”查理冷冷地扫了德西迪里厄斯一眼，便让人把他押回了法兰克。

查理占领了伦巴底之后，与教皇哈德良签订了一个协议。协议规定后者从查理手中接受托斯卡纳等土地，查理则由教皇授予“罗马人的外国皇帝”和“法兰克人与伦巴底人的王”头衔。从此，查理便具有了罗马与意大利的统治权。

查理在位期间一共进行过 53 次重要的战役，其中 30 次远征都是他亲自挂帅。在查理发动的所有战争中，对撒克逊人的战争持续时间最长，耗费最大也最为残酷。这场战争旷日持久，历经大大小小 18 次战役，持续 30 余年（772—804 年）。

查理为什么要不惜这么大的代价，进攻撒克森（位于今德国西北部和荷兰部分地区）呢？

查理认为，撒克逊人袭击了莱茵地区，他们信仰的是异神宗教，其宗教仪式非常残忍，他们还经常残杀基督传教士。横扫千军如卷席的查理大帝怎么能容忍这些日耳曼撒克逊人放肆野蛮的行为？于是查理派军队袭击爱乐斯堡，毁坏神庙，烧毁他们的圣树。这场以宗教而起的战争，必然要有宗教目的，查理当然想把撒克逊人都转化成基督徒，并将这些地区合并进他的王国。但是事实上，撒克逊人既不准备投降也不愿意放弃自己的宗教，他们顽强抵抗拖住来犯者。查理为此十分发愁。

正当撒克森战争还在进行的时候，查理也在关注着西班牙大地上的战乱情况。其实法兰克国家对这片土地一直很感兴趣。雄心勃勃的查理决心实现这一夙愿，778 年，查理成功攻下西班牙潘普洛纳，于是西班牙人主动要求讲和。查理乘势进攻南部的萨拉戈萨。但是萨拉戈萨可不如潘普洛纳那样好攻打，因为萨拉戈萨地势居高临下，而且守城士兵一直坚守不投降。就这样查理围困了2个多月，丝毫没有进展。就在僵持不下的时候，后方又传来撒克逊人叛乱的消息，查理陷入腹背受敌的危险境地。查理思考再三，果断决定放弃攻占西班牙的计划，带军队撤退回法国。这是查理远征中的一次挫折,他认为这次撤退是一件极其损害自己威望的事情，在他生前都不允许法国子民和官员大臣提起半句。

在查理大帝的远征战役中，除撒克森战争以外，规模最大的战争莫过于阿瓦尔战争了。阿瓦尔人源于突厥，这个民族原本过得很是逍遥自在，在东欧广大区域里过着自由的游牧生活，而且他们的军事力量堪称东欧最强。但是后来他们西迁进入欧洲，欧洲大陆本来就缺乏耕地和资源，所以西欧当地人不允许阿尔瓦人过游牧的生活。于是这些马背上的民族没有了可以驰骋的草原，也没有生活来源，纷纷沦为雇佣兵，生活水平大不如从前。阿瓦尔人对西欧积怨已久，终于在788年，阿瓦尔人向巴伐利亚和意大利进军，这场战争由此开始了。

791年，查理亲自出兵讨伐阿瓦尔人的国度——潘诺尼亚，但是收获甚少。查理分析了当时的情况，认为这场战争不会很快结束，于是回国后开始了大规模的战备工作并亲自督促战备事宜。后来，查理将阿瓦尔战争全权交给次子小丕平和诸位伯爵指挥。796 年，小丕平攻克阿瓦尔人大本营，杀光了几乎所有的阿瓦尔人贵族。他们将掠夺的大笔财富带回法兰克。开始法兰克人认为阿瓦尔人是个穷部族，没有什么钱财。可是当小丕平班师回朝，点验运回的战利品，却使全城人大吃一惊，这应该是法兰克对外扩张以来收获财富最多的一次了。法兰克人理所当然地认为阿瓦尔人的这些财富都是从其他部族抢来的，所以认为自己的军队是“正义之师”。

789 年，查理派了一支奥地利——萨克松军队进入艾伯特来部落的领地，西斯拉夫人在首领维特金的带领下立即投降了。从此，附庸国西斯拉夫人变成了查理忠诚的盟友。795 年，撒克逊人再次发动战争打破和平，维特金义不容辞地带领他的部落来帮助查理对抗撒克逊人。维特金不幸战死，查理大帝恩怨分明，他发誓一定要为他忠诚的战友维特金报仇。于是查理带着怒火劫掠了东伐利亚，用战争的血和火祭奠了忠诚于他的维特金。

一场又一场战争使北抵波罗的海，南迄北意大利，东达易北河与多瑙河上游的查理大帝国最终形成。查理大帝戎马一生，南征北战，用自己的文韬武略建立了一个庞大的帝国。从此之后，“法兰克王国”变成了“查理帝国”。欧洲小国再无可能与之匹敌。

03 “欧洲的第一次觉醒”

西罗马帝国灭亡后，欧洲文明严重倒退，各地普遍处于文盲或半文盲状态，除了教士以外，几乎没有人会读书，而低级教士的水平也是很低的，同样缺乏教育。这个时代，史称“黑暗时代”。

查理征战一生，很重视文化教育，在这方面的成就尤为突出。

他组织人员对当时收集到的各种《圣经》文本进行了校勘，统一了《圣经》文本并将其译成拉丁文，从而成为后来天主教通用的定本。同时还组织人对基督教的文献典籍（包括《本尼狄克院规》等）进行大规模的抄写和修订。

他主持制订了《加洛林书》，规定了罗马教义和宗教的基本仪式，从而使各处自发的对教义的解释和凌乱的宗教仪式得以定型。

他修建和修缮了亚琛大教堂、圣母玛丽亚大教堂等许多精美的教堂与宫殿，这些建筑，充分体现和发展了罗马式的建筑艺术风格，开创了建筑史上罗马式艺术风格的时代。

他采取多种措施鼓励基督教教育的发展。要求每一座教堂和每一所修道院都要设立学校和建立图书馆。要求学校目的是用拉丁文传授“七艺”（语法学、修辞学、逻辑学、算术、几何、音乐和天文学），以培养教士与俗人的读书、写作能力，造就哲学、文学和艺术等方面的人才。“七艺”的课程后来发展为较为完备而独特的欧洲课程体系。他不仅让教会学校召集依附人的子弟和自由民的子弟学习，而且要求乡村牧师免费教授穷孩子们学习。

为了保证教学质量，查理从有学问、有知识的神职人员中选任教师，甚至从意大利和英格兰请来一些具有较高水平的教师。利奥巴是一名英国女子，受过极好的古典文化方面的教育，能够用拉丁文写六音部诗行，学识非常出色。她应邀率 30 名英国修女前来法国任教，被任命为陶伯比绍夫海姆修女院院长。她深得查理大帝妻子的赏识，查理大帝对她也非常尊敬，树她为当时妇女的典范。

他下令各个修道院和教堂建立图书馆，以收集基督教文献，并收集了一些古代希腊、罗马的典籍文献，甚至包括收集整理了蛮族古代的传说和歌谣。尽管这些所谓的图书馆非常简陋，藏书也不过几百册，但在 8 世纪的欧洲，仍然可以被看作一个创举。

他不仅要求宫廷抄写员认真收集和抄写拉丁文和希腊文手稿，更要求修士们研读它们。正是在他的授意下，一些濒于散失的古代文献得以保存下来。

他组织专家学者对古典拉丁文进行改革。通过改革，形成了一种加洛林小写字体。这种字体来源于古罗马半安色尔体和晚期古罗马斜体，间接参照了爱尔兰语和盎格鲁萨克森语的小写字母形状。加洛林小写体字迹清晰，字形简单，字母与字母之间彼此互不相连，是西方文字中最能代表罗马风格的字体，因此它也被称作罗马小写体。我们今天所看到的字母表中的小写字母几乎都在加洛林小写体中得到了完善。加洛林小写体奠定了我们今天所用的小写字母、书写体以及印刷体的基础，具有很高的实用价值和审美价值，影响极其深远。自公元 9 世纪以来，加洛林小写体就从加洛林王朝的书写中心越来越快地扩展开来，并沿用了 3 个多世纪。直到 11 世纪末，在比利时和北法兰克王国出现了一种从加洛林小写体发展而来的新的书写体——哥特小写体。这种字体迅速在整个欧洲大陆传播开来，并逐渐取代了加洛林小写体。有鉴于此，德国历史学家施奈德曾把这个时期称为“书写文化”的时代。他并且认为，这种文字改革的努力，不仅促进了教士们对基督教教义的学习研读，而且一些民间传说也用拉丁文整理记录保存下来。同样，拉丁文还在某种程度上帮助规范了各地区的民族语言，在今天的英语、法语、德语和西班牙语中都有拉丁文的印记。

通过诸如此类的努力，一些濒于散失的古代文献因此得以保存下来，构成欧洲文明的各种成分——古典的、基督教的、日耳曼的文化成分，被基督教思想综合起来，形成了基督教的中世纪化和基督教文化的西方化，延续了欧洲文化的生命。古典文化典籍的收集、基督教文献的整理、宗教文化学术人才的培养，带来了崇尚文化、崇尚学术研究的新风气，这是黑暗时代中一个比较明亮的时代，改变了中世纪文化衰退的进程。因此，这个时期，史称“加洛林文艺复兴”（Carolingian Renaissance），被认为是“欧洲的第一次觉醒”。而加洛林（Carolin）一词，就是来自拉丁文 Carolus，即查理（Charles）。

04

不为人知的小事

查理大帝一辈子做过最多的两件事情就是打仗和结婚，他一辈子总共结了 5 次婚，另外还有 5 名侍妾，前前后后算起来生了十多个子女。查理大帝孝顺父母，极其宠爱子女。

查理大帝还是扑克牌红桃 K 人物的原型。大家看到的红桃 K 的人物没有胡子，其实红桃 K 本来是有胡子的。查理大帝是一代枭雄，英武潇洒，不应该没有胡子吧。当时刻板印刷的时候，刻板的工人没有刻好，不小心把胡子给弄掉了，所以红桃 K 到现在都没有胡子。查理成了扑克牌中唯一不留胡子的国王。

著名的《罗兰之歌》与查理大帝也有密切的联系。从 9 世纪开始在欧洲流传着查理大帝和他的勇将罗兰的英雄事迹。罗兰的故事逐渐演变成一部重要史诗——《罗兰之歌》。据说查理大帝手下有很著名的 12 勇士，也就是最早的骑士。他们为查理大帝开疆拓土立下了汗马功劳，南征北战功不可没，罗兰便是其中的一个。在查理大帝与西班牙和撒克逊人作战时，由于被人出卖背叛，导致罗兰将军孤军奋战，直到生命的最后一刻。史诗虽然具有很大的传说成分，有的内容可能夸大其词，也有可能掺入了当时的政治社会内容和宗教神秘色彩，但是《罗兰之歌》本身在很大程度上反映了人民的态度和愿望，人民是敬佩查理大帝的，诗歌中的查理大帝是人民理想中的君主形象。而罗兰一片忠心，为了国家不惜战斗到流尽最后一滴血，他是理想的封建骑士。整部《罗兰之歌》反映了人民对君主集权的拥戴，希望法兰西一无外侮，二无内患，人民安居乐业。与此同时，骑士制度也随即发展起来。

查理大帝戎马一生，打下一片大好江山。他认为他死后国家应该分给他的 3 个儿子，这样才能避免他们相互争斗，反目成仇。不料，他的头 2 个儿子早早就先他而去见了上帝，于是他只能把国家传给最小的儿子——虔诚者路易。更不幸的是，虔诚者路易的决断能力还不如父亲，他也希望把国家分给自己的 3 个儿子。经过一些宫廷争斗，虔诚者路易的 3 个儿子签署了《凡尔登条约》，法兰克帝国由此被分成了 3 个部分，这就是今天的法国、德国、意大利的由来。

在孩子的教育方面，查理大帝始终十分重视。他先是让他的孩子们掌握文史知识，以文化充实自己。随着孩子年龄的增长，男孩子一到适合的年龄，他就让他们学习骑射马术，像勇猛的法兰克人那样骑马射箭，并且锻炼他们的体魄和意志，以防以后上战场时不知所措。他认为女孩子就应该安安静静的，温柔而会生活，多学习点女红、绣花、纺织等来陶冶自己的性情，用心做一个大家闺秀，以免闲散怠惰，要培养她们养成高贵的气质和品格。

查理大帝对待孩子和对待其他人截然不同。在外人面前他是凌驾一切的君主，有着帝王的铁石心肠。在孩子们的面前他却表露出了长者的慈爱和智者的宽容。查理大帝在去世之前，就失去了长子查理、小丕平和已经快到结婚年纪的长女赫罗特鲁德 3 个孩子。尽管他还有那么多孩子，但他对这

3个孩子的离去,竟然有些扛不住了。这确实出乎人们的意料,这与他平日里的铁石心肠大相径庭,在对待孩子的态度上,查理大帝显示出了他对家庭的感情与责任。他的儿子死后,他就给孙子赐了爵位,让他们继承父亲的衣钵。他还把可怜的孙女接来和自己一块同住。

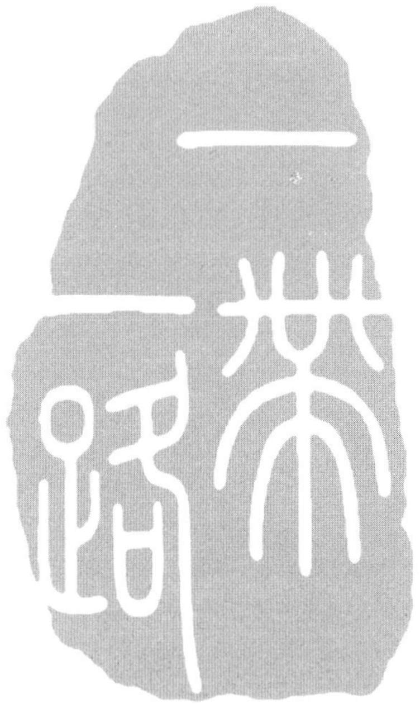
一带一路

Chapter 02

欧洲历史中
在位最久的“太阳王”
——路易十四

歐洲歷史中在位最久的太陽王
路易十四
二零二零年元月
吳澤浩

路易十四（Louis XIV，1638—1715），全名路易·迪厄多内·波旁(Louis-Dieudonne)，自号“太阳王”(法语 :le Roi Soleil)，波旁王朝的法国国王和纳瓦拉国王。法王路易十三的长子，出生于法国圣日耳曼昂莱。他5岁登基，在位长达72年3个月18天，是在位时间最长的君主之一，也是有确切记录在欧洲历史上在位最久的独立主权君主。他23岁开始亲政，在他亲政期间(1661—1715年)，法国发动了3次重大的战争：法荷战争、大同盟战争、西班牙王位继承战争，另有2次小规模的冲突。这一系列战争使他成为至高无上的欧洲霸主,1680年,他接受巴黎市政会献上的“大帝”(le Grand、路易大帝)尊号。

翻开历史的一页，有关路易十四的画像，大多都是一头长长的假卷发，穿着一双高跟鞋，英俊帅气，威风凛凛地显示着自己的英姿。路易十四拥有雄才伟略，文武双全，把法兰西王国变成当时欧洲最强大的国家，使法语成为整整两个世纪里整个欧洲的通用语言。路易十四代表着一个时代以及那个时代下人们的政治、精神、文化各方面发展的情况，这是一个以路易十四命名的时代。路易十四十分支持文艺复兴，在这个时期，人类精神文明也取得了很大的进步，欧洲的文明礼貌和社交精神都应该归功于路易十四这个时代。毋庸讳言，自从查理家族没落衰败以后，法国就已经陆陆续续在萎靡不振的精神状态下持续很长时间了，因为缺乏优秀的政府来统治和治理。是路易十四，励精图治，带领法国走向富强之路。但他建立的绝对君主制度和由他连连发动的重大战争，使他亲手缔造的伟大形象（大帝）在晚年丧失殆尽。

特别值得中国人注意的是，路易十四曾两次派出使团前来中国，并亲笔给康熙皇帝写了一封信，对中法文化交流做出了重要贡献。

01

在流亡和动荡中成长的幼君

提起路易十四，大家都知道，他最有名的语言莫过于那 4 个字——“朕即国家”。在位期间，他一直被塑造成神的形象，名字的组成字母都是要用大写，他的形象标志就是太阳，这意味着独一无二，至高无上。

然而，这个充满着各种光环的“太阳王”，在其即位前期，却两度被迫流亡。

1643 年 5 月 14 日，法国宫廷内，一个 5 岁的小男孩，衣冠隆重，头上戴着缀满华丽珠宝的皇冠，这皇冠戴在男孩的头上显得硕大无比，小男孩的身高还不到大堂上大臣们的腿那么高。男孩儿身边是他的母亲，这个母亲仪态万千，雍容华贵，脸上洋溢着幸福的微笑，可又隐约透着一股说不出的不安。男孩的小脚一步一步地迈向那个至高无上的王位，眼里散发着属于王者的光芒。没错，这就是日后大名鼎鼎的“太阳王”——路易十四。由于路易十四年龄太小，此时的法国由他的母亲，即太后——奥地利的安娜摄政，权力实际掌握在兼红衣主教、首相、国王教父和太后情人于一身的马扎然手中。

1618 年到 1648 年，正是欧洲各主要国家都卷入了的三十年战争期间。马扎然为了应付战争向金融家借款，并以允许他们征收捐税和收取国家的收入作为交换条件。包税商到处横征暴敛，从中获得巨利，引起了贵族的嫉妒和人民的愤怒。由于借款仍未还清，而各省已被搜刮得民穷财尽，1648 年 4 月，宫廷竟然颁发敕令，停发各地高等法院法官 4 年俸禄。5 月，巴黎高等法院联合各地法院，以整肃政府弊端为名，提出 27 条建议，宣布国王派往各地的监察官违宪，要求厉行财政改革，保障人身自由。8 月，太后与马扎然下令逮捕领导这一行动的 3 名领袖人物。

此举引起民众极度愤怒，8 月 26 日，巴黎发生市民起义。起义者一夜之间就筑起了 1200 个街垒，外省也爆发了反政府的起义。起义者用投石器（音译“福隆德”）攻击马扎然拥护者的住宅，因此，这场运动被称为“投石党运动”或“投石党之乱”，也称为“福隆德运动”。

投石党运动期间，打打杀杀的声音充斥王宫，路易的母亲紧紧抱着小小的路易，颤抖地说：“路易，我的路易国王，你什么时候才能长大，快快长大吧，这个法国需要你的统治。”1648 年 10 月的一天，有人跑来急急忙忙地说，“快走吧，太后，那群叛党就要杀到这里来了，快跟我走。”于是，他们从秘密通道逃脱。此后，年幼的路易十四跟随母亲漂泊流浪，每天过着提心吊胆的生活，日子过得很艰难。为了让小路易国王吃饱穿暖，王后不得不将自己随身带着的珠宝卖了换钱，买来吃的和穿的。晚上，母亲为路易铺上屋里仅有的一床被子，自己就以稻草为枕。本来美丽的母亲，因为动荡漂泊，已经熬得身形消瘦，原本光彩靓丽的脸上也长出不少皱纹。暴乱和流亡的生活给了路易十四幼小的心灵非常大的打击，心里留下了深深的阴影。

1648 年 10 月，包括法国在内的欧洲各国签订《威斯特法利亚和约》，三十年战争结束，法军从前线撤回。1649 年 1 月，拥护路易十四的孔代亲王统率军队来到巴黎。参加“投石党运动”的贵族和资产阶级遂与国王妥协，于 1649 年 3 月 11 日与国王的代表签订《吕埃尔和约》。起义的巴黎人民继续和王军战斗，3 个多月后失败。其后，孔代亲王把太后和国王护送回了巴黎。

1650 年 1 月，马扎然在太后的支持下拘捕孔代亲王、亲王的兄弟孔蒂及其妹夫隆格维尔公爵，亲王的拥护者在外省暴动，教士亦与贵族联合，对抗宫廷，巴黎爆发“第二次投石党之乱”，路易十四和母亲再次逃亡。最后由于孔代无法收拾残局而失去信任，国王和王后才得以再度入主巴黎。在这次内战中，由于孔代亲王与西班牙结盟，很多原来支持或同情孔代亲王的投石党人转而支持王室，反对孔代。孔代亲王的老友、名将蒂雷纳子爵也站到了法国王室一方。1652 年 7 月 2 日，孔代与蒂雷纳这位昔日的战友、法国当时最著名的将领在巴黎圣安托万区展开决战。孔代被蒂雷纳所压制，几乎陷入绝境。1652 年 9 月，势单力孤的孔代逃亡西班牙。1652 年 10 月 21 日，路易十四结束第二次流亡，再次回到巴黎。

1661 年 3 月，实际统揽王室与中央政府大权的马扎然去世。此时的路易十四，已经 23 岁，而且已经在动荡中成长为一个颇具政治见解和魄力的男人了。马扎然去世后，路易十四马上召见各路要员，并发表声明：“我把各位召集到这里，是为了对各位说，从现在起，国家的事务由我自己处理。我需要的时候，各位可以用你们的建议为我服务。从今往后，我就是我自己的首相。”他果然说到做到，在他亲政的54年里，没有人再敢干涉他的决定，所有国家事务，不分大小，都由路易十四独断。被压制了这么多年的小国王终于爆发了，他要开启自己真正统治法兰西的时代。

02 “朕即国家”

中国人知道路易十四，大多是“朕即国家”这句名言。事实上，这句话并不是路易十四说的，而是由别人根据路易十四的特点总结出来的，而且总结得非常恰当。

这句名言在今天看来显得非常霸道、非常独裁、非常专制，但在当时，它不仅真切地道出了整个社会的制度风气，也表达了当时人民的期望：一个统一与安定的国家，一个有能力的国王，一个行之有效的政治集权制度。法兰西人民在经历了分裂、战乱和叛乱等众多灾难后，已经深深懂得了权力集中与稳定才是国家秩序稳定与安全的根本保证。这种权力，在当时的法国人看来，还只能是王权。从历史的角度看，君主专制的王权，相对于教会干政和领主割据，也是一种进步。

路易十四建立了一个君主专制、中央集权的政治制度。其中最为重要的是废除了宰相（首相）制度，由他直接任命

6位大臣来分别处理各种政务，各种重大政务的最终决定权，由他直接掌握。他还解除了贵族地方长官的权力，向各省派驻司法、警察和财政监督官，整顿军备扩充兵源，引进新式武器和先进技术，把各省军队的调度权控制在自己手里。

路易十四对国王这一职业尽心尽力，尽职尽责，可以说是君主勤政的榜样。他既然决定所有事务都由自己管理，那么就一定要做到最好。法国人民无论大人小孩都知道他们的国王是怎样勤奋、辛苦地工作。他每天工作繁忙，几乎没有时间睡觉，甚至是生病的时候也还是努力工作，丝毫不懈怠。

有一次，他刚做完手术，休息了没多久就去主持参政院会议，手术是为了治疗他的肛瘘，他不得不站着开会。手术的伤口还没有愈合，他疼得一直流汗，但还是坚持了下来。第二天他还要会见外国使节，大臣们都劝他休息，医生说要是路易十四再这样不停歇，很有可能还要做一次手术。路易十四没有听从大家的劝告，一边强忍着剧痛，一边努力保持着头脑的冷静，与外国使节交谈国家交往大事。疼痛使他的脸都扭曲了，但他一直坚持着直到送走使节。这需要何等的毅力和忍耐力！

路易十四的集权思想很严重，但是他还是懂得人才的重要性。他慧眼识英雄，善于任用贤人。当年马扎然活着的时候，路易就注意到有一个人并不支持马扎然，那就是柯尔伯。

果然，柯尔伯没有辜负路易的欣赏与信任，后来为重建法国立下了汗马功劳。路易十四用人不局限于宫廷贵族，也会重用有卓越才干的中产阶级人才。这当中最优秀的就是柯尔贝尔和皮埃尔·塞吉埃，皮埃尔主要负责外交事务和管理法院，在外交方面有卓越贡献。

在思想上，路易十四要求全体臣民一律信奉天主教。他因此推翻了 1598 年对新教宽容的南特敕令，并下令摧毁新教的教堂，关闭新教的学校，多数胡格诺（新教派别之一）教徒被迫改宗天主教，不愿改宗的 25 万以上的胡格诺教徒与其他新教徒移居国外。这些逃亡者许多是优秀的学者和优秀的手工业者，他们的学识与技能随着他们的流亡，为他们到达的国家带来了巨大的财富。但是对路易十四和他虔诚的主教们来说，一个统一的法国就应该是一个天主教的法国。

03

致函康熙，促进中法交流

路易十四在位的时间很久，长达 72 年。在中国也有几位帝王在位时间可以与之相媲美，其中可比性最强的就是在位 61 年的康熙皇帝。

路易十四和中国顺治皇帝几乎生活在同一个时代，但是却和康熙皇帝有着很类似的人生经历，他和康熙大致都是从 17 世纪中期至 18 世纪初期长期执政，都是文治武功显赫的君王，都是在孩童的时候继位，更为巧合的是，都有一位老大臣权倾朝野，掌握着国家实际的政权。然而不同的是，康熙 8 岁继位后，不久就靠自己的智慧和力量，设计擒拿了鳌拜，除掉了自己的绊脚石，实现了掌握实权的梦想。而路易十四一直苦等整整 18 年，直到老臣马扎然主教老死之后，才开始真正亲政。两位君主也同样精力充沛，路易十四每天工作 6 到 10 小时，康熙在位 61 年，除生病和重大节庆外，几乎无一日不听政，即使北京地震时都没有中断。当然，他们也好武、专制，但相对于帝王来说，两人都称得上明君，文功武治，使大清帝国与法兰西王国都在当时最强盛的国家之列。

尤其值得一提的是，两位君主对于科学与艺术都怀有浓厚的兴趣，对本国文化发展与交流，发挥了重要作用。康熙爱好书法、哲学，对生活万物充满好奇；路易十四有极好的音乐天赋，喜爱表演艺术，引入欧洲著名文学家、艺术家、科学家，使法国成为欧洲文化中心。中国与法国，完全不同的两种文明，也因为两位帝王的个人特质，增加了相遇的机会。

1684 年，暹罗（今泰国）使团到访法国，转达了纳莱王与法国结盟并开放通商口岸的愿望。路易十四决定借机向东方派出一艘名为“飞鸟号”的战舰，以期造访暹罗和中国。

1685 年 3 月 3 日，以肖蒙骑士为大使的赴暹罗使团和以洪若翰神父为团长的赴华传教团在布雷斯特港登船起航了。赴华传教团由洪若翰（又名洪若）、张诚、白晋、李明、刘应和塔查尔 6 位耶稣会士组成。“飞鸟号”于 1685 年 9 月 22 日到达暹罗。由于海上风暴以及季风原因，直至 1687 年 6 月，除塔查尔外的 5 位神父才乘坐一艘商船向他们期望已久的中国驶去。

1687 年 7 月 23 日，传教团到达宁波，遭到浙江巡抚等人的诘难。在南怀仁和殷铎泽两位神父的斡旋下，康熙帝最终下令：“洪若等 5 人，内有通立法者亦未可定，着起送来京候用；其不用者听其随便居住。”1688 年 2 月 7 日，传教团终于进入北京，开始对中国历史文化进行深入研究。他们还成为当年康熙与路易十四远隔万里的对话桥梁，其中的白晋、张诚进入清宫，成为康熙的数学、天文学、物理学，甚至人体科学的老师。

促使白晋等人到达北京的南怀仁是比利时传教士，他 1658 年来华，是康熙的科学启蒙老师，还在中国官至工部侍郎，是当时国家天文台（钦天监）业务上的最高负责人。他希望有更多的传教士来到中国，并提议以后的传教士经陆路前来。因为当时经海路来华，危险性很大。据柏应理估算，之前经海路前往中国的欧洲传教士共计600余人，而真正到达中国的只有100余人，绝大多数神父都因疾病和船只失事等原因葬身大海。此外，通过陆路来华，传教士可以边走边传教，在沿途建立新的传教区。南怀仁于1687年10月致函路易十四的忏悔神父拉雪兹，向他表达了上述建议。这一提议得到了路易十四的支持，他指派了闻名欧洲的西里伯爵负责开辟前往中国的陆路通道，并指派给他四位传教士和一些侍从。

为了争取中国皇帝的支持，路易十四于1688年8月7日，写了一封给康熙皇帝的信函，全文如下：

杰出、卓越、万能而又崇高的陛下，朕最为亲密的朋友：

上帝愿增加您的荣耀，使您有一个幸福的归宿。获悉陛下希望在身边及贵国有大量精通欧洲科学的饱学之士，朕在几年前曾下旨派遣了六位皇家数学家，为陛下带去我们巴黎城内著名的皇家科学院中最新奇的科学知识和最新的天文观测成果。但是分隔我们两国的漫长海路使人极易遭遇种种不测，只有耗费大量时间并历尽各种艰险才能完成旅途。朕拟此次向陛下再派一批皇家数学家耶稣会士，随西里伯爵经更短、更安全的陆路前往，使他们能作为我们相互尊重和友谊的证明尽早到达陛下身边，以便通过西里伯爵归国后对您令人赞赏行为的记述，使朕能够忠实地见证所有非凡的事件。

在此，朕请求上帝能够增加您的荣耀，并使您得到一个非常幸福的归宿。

1688年8月7日写于马利

您最亲爱的好友

路易

路易十四同时也给波斯国王和俄国沙皇写了内容大致相同的信件,并说向中国派遣王家数学家是为了进行科学观测，获得科学知识，以便服务于世界各民族，希望对方能够同意借道并为传教士提供必要的帮助。

西里伯爵带着路易十四的信件，于1688年9月初从华沙启程前往莫斯科。俄罗斯提出种种诘难，拒绝传教士借道，并命令西里伯爵立刻沿波斯方向离开俄国。1690年5月，西里伯爵在途中被他的一个侍从勒死，他的传教士同伴因而停止了继续前往中国的脚步。这封路易十四致康熙帝的信件因此也就未能到达中国，而是被传教士带回了法国。后又几经辗转，现存于法国外交部档案处。

路易十四向中国派遣的第二个传教团就这样悄无声息地

停止了赴华的脚步，但西里伯爵使团的失败并不代表着法国耶稣会士在华事业的中断。

1697 年，在康熙身边工作了 5 年的白晋奉康熙旨意归国，希望路易十四能够派遣更多具有科学素养的传教士来华。回国后，白晋将来华经历写成近十万字的报告呈递给路易十四，后来以《康熙帝传》为名出版。第二年（1698 年）白晋搭乘首航中国的法国商船“安菲特里特号”回到中国，此次随同前来的传教士巴多明奉康熙之命以满文编成一套西方解剖学著作，名为《钦定骼体全录》。这是一部反映法兰西科学院最新解剖学知识的医学著作。五位“国王数学家”中的另外三人中，洪若翰曾用奎宁治愈康熙的疾病，刘应擅长语文，李明熟悉天体和地理知识，都曾获得较高成就。自此之后，来华传教士不绝于途。

路易十四写给康熙皇帝的私人信函在当时虽然没有到达中国，但双方都对遥远而没有了解过的国家充满好奇心，开启了中法交流的大门。中国受到法国的影响而逐渐接触和了解西学，法国受到中国的影响，在国内也掀起了一场中国风，这阵风随后被刮到整个欧洲乃至整个世界。直到康熙晚年，因罗马教皇干涉中国人祭祀祖先等传统，中西方文化交流史上第一次西学东渐的浪潮才令人痛惜地宣告结束。

04

走在时尚前沿的男人

路易十四是一个充满神奇色彩的人物，他除了在政治和文化领域的成就，还引领了当时乃至现今的时尚潮流。

路易十四痴迷舞蹈，下令在巴黎创办了全世界第一所皇家舞蹈学校，还亲自学习芭蕾，与演员们一起演出，他担任主角参与出演的 20 多部芭蕾舞剧可以说是场场爆满，人们都以看国王演的芭蕾舞剧而引以为荣。路易十四“太阳王”的称号就是因为扮演过太阳神“阿波罗”而得名的。芭蕾因此在法国得到了快速发展，芭蕾动作的完整成套成体系与路易十四的支持离不开，今天芭蕾的 5 个基本脚位，12 个手位和一些舞步，都是用法文命名的。

路易十四喜欢文化，在他统治期间，文化事业有了很大发展。路易十四下令奖励如孟德斯鸠与伏尔泰等大学者，十分欣赏他们的政治思想。伏尔泰也对这个君王有着很大的兴趣，所以才写了《路易十四时代》。他还筹建了法兰西油画雕塑学院、法兰西科学院、法兰西建筑学院，培育了古典主义喜剧奠基人莫里哀等一大批文艺巨匠，使法国取代意大利成为欧洲文艺中心。他也十分支持文艺复兴运动，为众多文艺复兴支持者提供了方方面面的帮助,促进文艺复兴的发展，继而推动法国发展的进程。

很多人都知道法国是时尚的先驱，无论是在奢侈品、化妆品、服饰、建筑等多方面都是处于领先地位，如今的法国如此时尚与历史上路易十四的推动作用是分不开的。

比如，在1659年路易十四生了一场病，头发脱落，变得比较稀少。他想了个办法，把别人的头发编在一起戴在自己头上。原本只是为了遮丑，没想到一不小心却引领了潮流，假发风靡各国，大家都效仿他戴假发，尤其是贵族们。甚至连中国的雍正皇帝也戴过同款。现在这个社会，也有很多人为了美而佩戴假发。

据说路易十四的个子比较小，可能还不到1.6米。这个身高无论是在古代还是在现代都算低的。他想了个办法——穿高跟鞋，以使自己看起来高大威猛，于是，他就变成了高跟鞋的爱好者。

从视觉上来说，如果穿裙子，把腿露出来就会看着比较优美修长。这个风尚也是从路易十四时代开始的，因为路易十四觉得虽然他个子比较小，但是他的腿很漂亮，应该露出来秀一秀。所以他就找一些裁缝对衣服进行改造，让他好看的腿能够露出来，这也在法国宫廷内流行了好一阵子。

路易十四统治期间，有位大臣上朝，路易十四一眼就注意到这个大臣在脖子上系了一条白色围巾，还打成领结。路易十四觉得这样打扮很美，夸了这位大臣，并且当众宣布把领结作为高贵的标志，并下令上流社会的人都要带领结。直到现在，在正式的场合还一直沿用，随着流行趋势的发展，多种多样的领结在普通人身上也随处可见。

路易十四最大的杰作是凡尔赛宫。

年幼的路易在暴乱中两次逃出巴黎，这对小路易造成深远的影响。他决定永不允许这样的暴乱重现，他将来不要过流离的生活，他要住在华丽的宫殿里，于是他计划在未来定居凡尔赛宫。

中世纪时，凡尔赛宫的附近仅仅是个小村庄，一片森林，几片沼泽，春来鸟语花香，夏天烈日高照，秋天秋高气爽，冬来银装素裹。1624 年，法国国王路易十三买下了凡尔赛宫原来地址附近的森林、荒地和沼泽地区，并修建了一座两层的楼房，作为自己狩猎的行宫。路易十四很喜欢这个地方，就决定把自己的宫殿建在这里。

凡尔赛宫是一个规模宏大的建筑，全宫占地 111 万平方米，其中建筑面积为 11 万平方米，园林面积 100 万平方米。无论是规模还是设计上，无不体现着王权至上。在凡尔赛宫里到处都有太阳神阿波罗的图像，就连凡尔赛宫的主厅也被命名为“阿波罗厅”。建设这样一个辉煌、宏伟、壮丽的凡尔赛宫既是皇权的象征，也是国王自我表现的手段。

1682 年 5 月 6 日，路易十四终于住进了他心心念念的凡尔赛宫，一个属于他的、独一无二的宫殿。在这里，他尽情享受着王者的荣耀，每天凡尔赛宫里都有各式各样的晚会、话剧、歌剧，等等，一场又一场艺术表演服务着这座宫里的主人路易十四。清晨，大贵族们毕恭毕敬地等候着他们的国王睡醒，阳光透过窗户照射进来，照进宽敞的卧室，映射在光亮的地板上。路易十四睁开眼，伸个懒腰，大臣们纷纷上前献殷勤，伺候路易穿衣，为路易端洗脸水，并且将伺候国王当作最大的荣耀。借由凡尔赛宫，借由这些仪式化的活动，路易十四轻而易举地控制了贵族。所以，这时候大家才明白，原来建造凡尔赛宫是路易十四集中政治权力的策略之一。路易十四可谓是善于谋略，他用凡尔赛宫里的一场场舞会麻醉贵族，将贵族变成了他宫廷的成员，削弱了贵族的力量，让他们除了享受声色犬马和伺候皇帝,没有实际意义上的权力。为了进一步弱化贵族权力，路易十四还在皇宫内制定服饰标准，不停歇地举办各种舞会。贵族们不知皇帝用意何在，都乖乖的按照服饰标准成天打扮自己,自然无暇顾及争夺权力。而且，贵族们都是十分在意面子的人，出席国王的舞会怎么能穿重样的衣服呢？那不是要让人笑话吗？所以巴黎的服装制衣铺子和珠宝铺子借此机会发了大财，因为贵族们要花很多的钱去买衣服买珠宝，互相攀比，你买豌豆大小的红宝石，我就买鸽子蛋大小的蓝宝石。这样的风气使贵族们散尽千金，最后不少贵族竟然倾家荡产，到了不得不向国王借债的地步，这样，路易十四就可以把这些贵族控制在自己手里了。也许有人会奇怪，这些贵族可以不去参加舞会，为什么非要去呢？但这是国王的舞会谁敢不去啊？听说路易十四记忆力惊人，舞会的时候，他经常一眼就能看出谁没来。要是被路易知道谁没去舞会，那他日后的日子可就难过了。路易十四为了削弱贵族而在皇宫里掀起的奢靡之风，后来吹向了全法国乃至整个欧洲。

路易十四的婚姻是名副其实的政治联姻，而且还是近亲结婚。他娶的是西班牙公主玛丽亚·特蕾莎，是路易十四的表妹。但是王后根本就不爱路易十四，当然了，路易十四也不爱她。他们两人在一起往往一句话都不说，原因很简单，王后法语不好，路易十四西班牙语不好，而且谁也不愿意多学一点对方国家的语言。他们生有 3 男 3 女，其中 3 个没等长大就夭折了，另外 2 个，一个活了 3 岁，一个活了 5 岁，只有长子活到了 50 岁。

路易十四风流成性，身边情妇不断。其中之一为蒙特斯潘夫人，她长得美，陪伴了路易十四很长时间，很得路易的宠爱，下人们都议论她是真正的王后。她对路易十四的宗教信仰产生了很大影响，正是在她的影响下，路易十四废除了南特敕令，导致新教徒被迫害、驱除，使人才流失，工商业停滞。蒙特斯潘夫人为国王生有3男3女。

曼特农侯爵夫人是蒙特斯潘夫人孩子的保姆兼家教，她温婉文雅，不辞辛劳地照顾这些小孩子。她谈吐文雅，性情温善，知识渊博，与路易十四十分聊得来。为了感谢她的付出,路易十四为她买下了有护城河围绕的曼特农城堡和土地，以及女侯爵头衔，曼特农侯爵夫人之名便由此而来。

虽然曼特农侯爵夫人容貌极好，才气也不差，但跟蒙特斯潘夫人比起来还是差那么一大截，所以就算路易喜欢和她说话，她也没有机会动摇蒙特斯潘夫人的地位。曼特农侯爵夫人直到蒙特斯潘夫人因利用女巫炼制春药一事败露，路易十四大为恼火，心情低落，多次向曼特农侯爵夫人寻求精神上的慰藉，两人这才暗生情愫，走在一起。善良的曼特农侯爵夫人不求名不求利，还劝说国王与王后重归于好，把皇后接回宫中。这样，直到王后去世，路易十四45岁那年，他才迎娶了自己喜爱的曼特农侯爵夫人。但是由于曼特农侯爵夫人的出身比较低下，所以他们只是秘密举行了结婚典礼，她成为法国的无冕王后。

05

盛极而衰的欧洲霸主

路易十四对外野心勃勃，力图扩张领土，发动了3次重大战争。

1672年至1678年，路易十四发动法荷战争。此战重创荷兰，让路易名震全欧，打响“太阳王”的名号。

1688年至1697年，路易十四与以神圣罗马帝国为核心，与由荷兰、英国、西班牙、德意志等诸国组成的大同盟进行战争，史称“大同盟战争”。战争的结果是法国被逼与大同盟各国言和，放弃对外扩张的念头，但保住了欧洲大陆最强国的地位。

1701年至1704年，法国又因西班牙王位继承问题与英国、荷兰等国进行战争，史称“西班牙王位继承战争”。在这场战争中，法国与西班牙、巴伐利亚、科隆及数个神圣罗马帝国下的德意志邦国、萨伏依（后来很快便投向敌方）组成同盟；英国、荷兰、葡萄牙、奥地利、普鲁士以及数个德意志小邦国及大部分意大利城邦组成反法同盟。根据和约，法国的腓力五世拥有西班牙王位，但他和他的后代永远不能继承法国王位，法、西两国永远不能合并。西班牙在欧洲的领土损失大半，失去传统的欧洲大国地位。法国也是元气大伤，财政濒临绝境，开始衰落，不再称霸欧洲。

接连的战争，特别是事实上失败了的西班牙王位继承战争消耗了路易十四的生命力。1715 年 9 月 1 日，据他的弟弟奥尔良公爵说，路易十四在“很从容地安排一切事物”后，平静地去世。

路易十四雄才伟略，多才多艺，是一位有所作为的君主，使法国成为当时欧洲最强大的国家和文化中心，给世人留下了许多令人敬仰的遗产。虽然他发动了无休止的战争，自己生活奢靡无度，使他的国民生活疾苦，但他的功劳法国人也是看在眼里，因此一直保持着他“太阳王”的称号。

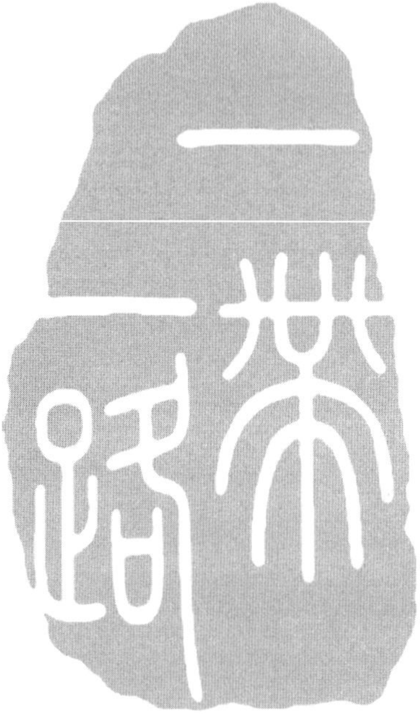
一茶一路

Chapter 03

一代雄狮

——拿破仑·波拿巴

一代雄狮
拿破仑

1840年12月15日，对法国而言是一个重要的日子。在著名的巴黎香榭丽舍大街上，庄严的音乐奏起，周围民众都脱帽以示敬意，低头不语。士兵们抬着一个豪华高贵的灵柩缓缓地从凯旋门通过，在接受了众多人的悼念之后，最后安葬在塞纳河畔的荣军院里。之前，他的遗体葬在圣赫勒拿岛的一个山谷中，墓碑上一片空白，经过法国和英国的多次协商谈判，终于将他的遗体迎回法国。依照他留下的遗嘱，把他的遗体安放在塞纳河畔，那个他热爱的法国领土上。这个伟大而又备受争议的一代枭雄终于回家了。他便是大名鼎鼎的拿破仑。

拿破仑·波拿巴（Napoléon Bonaparte，1769—1821），19世纪法国伟大的军事家、政治家，法兰西第一帝国的缔造者。历任法兰西第一共和国第一执政官（1799—1804年），法兰西第一帝国皇帝（1804—1815年）。拿破仑出生于科西嘉岛。1779年拿破仑10岁时进入法国布里埃纳军校（Brienne）接受教育。1784年被选送到法国皇家陆军学院，专攻炮兵学。16岁进入拉斐尔军团并被授予了炮兵少尉军衔。1789年，法国大革命爆发。1795年，他接受巴黎督政官巴拉斯之托，成功镇压保王党势力的武装叛乱，一夜之间荣升为陆军准将兼巴黎卫戍司令，开始在军政界崭露头角。从此拿破仑作为一名优秀的军人，也是雄心十足的政治家登上政治舞台。他一生身经60多场战斗，战胜率在90%以上，成为一代雄狮，一代战神。他27岁统帅三军，30岁成为法兰西执政者，35岁创造法兰西第一帝国，成为辉煌的法兰西第一帝国至高无上的皇帝，建立了庞大的法兰西帝国体系。他多次打败了"反法同盟"，并且在欧、非、北美洲战场上与欧洲封建各国大战，有力地捍卫了法国大革命的胜利果实，极大地削弱了欧洲大陆上顽固的封建势力，是欧洲所有专制君主的噩梦。他对后世最重要的功绩要属《拿破仑法典》，这部法典基本确立了资本主义社会的立法规范，直到今天还发挥着十分重要的作用。1812年拿破仑兵败俄国，成为他由盛转衰的转折点。1813年，拿破仑被反法联军打败。1815年拿破仑复辟，百日王朝建立，之后就是他为人熟知的滑铁卢之战，这次拿破仑大势已去，被流放到圣赫勒拿岛。1821年在岛上孤独地病逝，1840年他的尸骨被迎回巴黎，以英雄之名，隆重地安葬在塞纳河畔。

对于拿破仑，有人说他是英雄，也有的人说他是魔鬼；有人说他是革命的代表，是革命原理的传播者，是旧封建社会的摧毁人，也有人说他是一个残暴专制的暴君。无论怎么评价，拿破仑在军事上的雄伟谋略和颁布的《拿破仑法典》的功绩都是不可泯灭的，他的确是一位改变历史的英雄，他的一生都将被后人铭记。

01

军校少年生，革命大英雄

1768 年，热那亚和法国签订了科西嘉归让法国的秘密协定，把对科西嘉的领土权出售给法国。拿破仑的父亲夏尔·波拿巴为意大利贵族世家的子弟，曾经参加了当年的科西嘉保卫战，并出任科西嘉独立领袖保利的副官。战败后，他也像岛上的平民百姓一样，于 1769 年带着妻子改国籍为法国，法王路易十六赐予他一个贵族头衔。1769 年 8 月 15 日，拿破仑出生在已经成为法国国土的科西嘉阿雅克肖城。

拿破仑的父亲夏尔毕业于比萨大学，学的是法律专业，虽然穷困潦倒，但始终保留高傲的贵族习气，把重振家业的希望寄托在儿子身上。在他的安排下，拿破仑 1779 年 5 月 13 日进入法国布里埃纳军校学习，其时还未满 10 岁。我们可以想象他那小小的、瘦瘦的身体是怎么样接受军校训练的：长官命令跑步，小拿破仑就跟着跑，常常跑得面红耳赤，因为和他一个队里的孩子们都比他高比他壮；长官命令扛枪，小拿破仑就跟着扛，即使那枪仿佛是要把他那小身板压垮。由于他的身躯实在是太小了，所以他一直都没有一身合适的小军服，但是小拿破仑还是以顽强的毅力坚持着。时间过得很快，1784 年，他以优秀的成绩毕业。父亲认为男子汉就该从军，坚持要把拿破仑送往更高级的军事学校，哪怕倾家荡产，历经千辛万苦。于是，拿破仑又于当年被选送到法国皇家陆军学院，专攻炮兵学。16 岁时，父亲去世，家境贫寒的拿破仑提前毕业，进入拉斐尔军团并被授予炮兵少尉。

拿破仑个子小，家庭贫困，还是一个多少有些受歧视的科西嘉人，在学校难免会受到同学的嘲笑和排挤。这深深地伤害了他的自尊心，他暗自下定决心要做出一番作为给那些曾经嘲笑过他的人看，将来有一天他一定要解放科西嘉，尽全力赶走法国人，让科西嘉独立，不再受法国统治。他把科西嘉岛的地图画出来，并在地图上标明他的战略防卫的一些设计等，这时候的他俨然像是一个军队统帅。1789 年法国大革命爆发，拿破仑得知消息后马上回到科西嘉，带领一个国民自卫军营，想为家乡的独立自由干出一番宏伟事业。后来，他遭到排挤，还与他父亲过去的长官科西嘉独立英雄保利发生了冲突。惊恐之下，拿破仑全家被迫在 1793 年 6 月逃往法国大陆。

1793 年 9 月，24 岁的拿破仑参加攻打保王党与外国干涉军堡垒的土伦。

土伦是法国南部的一个重要港口，也是一个良好的海军基地，如果不及时夺回，法国的革命政权会受到严重威胁。

拿破仑本来只是路过土伦前往一个海防部队任职。当他到达这里时，正好炮兵指挥官马尔田少校不幸在战斗中负伤致残。在拿破仑的朋友、国民公会特派员萨利希蒂的推荐下，拿破仑接替了马尔田少校的职务，担任土伦平叛部队的炮兵指挥官。

拿破仑到达了土伦前线，接管了卡尔托将军部队的整个炮兵的指挥事宜。他很快发现，这里的炮兵形同虚设，既无足够的火炮，又无充足的弹药，只有几门破破烂烂的野炮和臼炮，由一名军曹一筹莫展地看管着。士兵们没有起码的素养，也没有经过认真的训练，他们既不会使用火炮，更不懂得如何修理。更可笑的是，他的上司卡尔托将军，竟缺乏炮兵方面的起码常识，对他那很少的几门炮，连射程有多远都一无所知。这种现象，在革命武装中实际上是一种常见现象。

为了改变炮兵的落后状态，拿破仑不顾旅途的疲劳，立刻投入了紧张的工作。他想方设法搜集各种火炮。在不长的时间里，便弄到近 100 门大口径火炮，其中有远射程的臼炮，有发射 24 磅炮弹的大炮，还有大量的弹药。同时，他还派人搜集一切有用的军械器材，并且在奥利乌尔建立了一个有 80 名工人的军械工厂。拿破仑因此被正式授予炮兵少校，还兼任工程处长和辎重主任两项技术职务。

土伦战役前期并不顺利，法军几次攻击均未奏效，被迫停止攻击。经过实战检验后，拿破仑对 7 月底军事会议上基本确定的作战计划很不赞同，并提出一个完全相反的作战方案。在新的军事会议上，拿破仑大胆而新颖的作战计划让与会人员惊叹不已，但得到了国民公会的特派员萨利希蒂和贾斯巴林的支持，并据此拟定了新计划，拿破仑因此受命担任攻城炮兵的副指挥。

12 月中旬，总攻开始。法军使用 45 门大口径火炮，集中地向小直布罗陀堡猛烈轰击了 2 天 2 夜，直到 16 日晚，才发起地面进攻。战斗中，拿破仑亲率突击部队，攀崖过涧，钻过被炮弹炸穿的墙洞，杀入小直布罗陀堡，夺占了联军工事，又拖过小直布罗陀堡的敌军大炮，掉转炮口轰击联军的反攻部队。天明时分，法军夺占了小直布罗陀堡，并连夜把 60 门大炮运到刚夺占的克尔海角，趁势猛轰内、外停泊场内的英军和联军舰艇。几天以后，土伦市区守军只得打出白旗，向法军投降。历时 4 个月的土伦战役，以法军胜利告终。拿破仑率军夺取小直布罗陀堡和克尔海角，则是法军获胜的关键原因，拿破仑因此而由炮兵少校跃升为炮兵准将。

1794 年，拿破仑由于和罗伯斯庇尔（Maximilien François Marie Isidore de Robespierre，1758—1794 年，法国革命家，法国大革命时期重要的领袖人物）兄弟关系紧密而受到调查，以叛国罪嫌被捕，后无罪释放。又因拒绝到意大利军团的步兵部队服役而被免去准将军衔，退职闲居巴黎。之后，在救国委员会地形测绘局任职。

1795 年 10 月 4 日，保王党发动武装叛乱，包围巴黎督政府大厦。眼看大门将被冲破，在束手无策之下，督政官巴拉斯调拿破仑来，问他如何对付，拿破仑胸有成竹地调动一排火炮，对准广场上的人群一阵猛轰，很快就平定了这场危机。穷困潦倒的拿破仑一夜之间荣升为陆军中将兼巴黎卫戍司令，在军界和政界中正式崭露头角。

02

打败反法同盟，创建法兰西帝国

在军政界崭露头角之后，拿破仑的脚步并没有停歇，始终都在为法国的独立和发展壮大做出最大的努力。

1796 年 3 月，27 岁的拿破仑被任命为法兰西共和国意大利方面军总司令。拿破仑多次击退了奥地利与撒丁王国联合的第一次反法同盟军，最终长驱直下横扫整个意大利北方，进入西南奥地利，奥地利被迫签订了对法兰西有利的停战条约。这一战使第一次反法同盟瓦解，给法国带来伦巴底和许多意大利卫星国，还有大批财富与艺术品。拿破仑的威信也越来越高，成为法兰西共和国的人民英雄。

1798 年，拿破仑被任命为法兰西共和国阿拉伯—印度方面军（东方军）的司令，被派往中东，以抑制英国在该地区势力的扩张，并试图控制苏伊士运河与前往亚洲的海路。为了研究古老神秘的东方，在拿破仑的这支远征军中，除了 2000 门大炮之外，还带领了 175 名各行各业的学者，以及上百箱的书籍和研究设备。在远征途中，拿破仑曾下达过一条著名的指令：“让驮行李的驴子和学者走在队伍的中间。”在这次远征作战中，拿破仑展现出了非凡的军事才能和卓越军事素养，但也饱受瘟疫、酷暑和补给困难之苦，最后还受阻于久攻不克的阿克尔城。

拿破仑远征之时，欧洲新的反法联盟已逐步形成，而法兰西共和国国内的保王党势力也在逐步增强。1799 年 8 月，拿破仑决定立刻秘密赶回巴黎。在危险的地中海回航中，拿破仑机智地避开了英国皇家海军的巡逻舰队，2 个月后成功登陆。1799 年 10 月，回到了法国的拿破仑被当成“救星”受到欢迎。11 月 9 日，获得众人拥戴和支持的拿破仑发动雾月政变，结束了大革命以来各种恐怖局面轮番交替的形势，成为法兰西第一共和国执政官。

在拿破仑远征东方时，法军在意大利和莱茵地区的战场上连番失利。拿破仑成为第一执政官后，便部署反击。1800年5月，拿破仑率领一支37000人的部队，越过阿尔卑斯山，进入意大利北部，支援被奥军困在热那亚的法军。热那亚被奥军攻陷后，拿破仑决定在马伦哥与奥军正面决战。马伦哥交战开始以前，法、奥双方都不知道对手的虚实。实际的情况是，双方兵力大体相当，奥军稍占优势。6月14日，决战开始。战斗到14时，法军的失败看来将成定局，因为它的预备队早已用完,还可用来进行射击的火炮,总共只剩下5门。奥军统帅梅拉斯欣喜若狂，立即派人前往维也纳报捷，还将指挥权交给参谋长，自己离开战场，返回亚历山大里亚。

正当法军接近崩溃的时刻，德赛将军在接到拿破仑的紧急命令后率部于17时左右赶到。拿破仑立即命令前线指挥马尔蒙，将德赛带来的13门火炮和原剩的5门火炮集中在一起，向敌人发起反攻。大炮一响，正在休息和吃饭的奥军顿时大乱，很快就被法军击败。6月15日上午，梅拉斯看到大势已去，派出代表向拿破仑求和。

奥地利军虽然在意大利遭到惨败，但还远远没有被彻底打垮，它在德国境内还有一支数量远占优势的军队。另外，第二次反法联盟还没有彻底瓦解，英国政府多次表示继续给予资助，鼓励奥地利人无论如何要支持下去。

拿破仑只好迎战，于11月5日宣布取消法国与奥地利的停战状态，命令法军在德意志和意大利两个战场同时转入进攻。在法军强大的冬季攻势下，奥地利终于屈服，于 1801 年 2 月 9 日与法国正式签订了和约，从而最后结束了第二次反法联盟中的法奥战争。

拿破仑威望再升。1804 年 11 月 6 日，公民投票通过了共和十二年宪法，法兰西共和国改为法兰西帝国。12 月 2 日，拿破仑加冕称帝。

1805 年 8 月，奥地利、英国、俄国组成了第三次反法同盟。拿破仑于 9 月 24 日离开巴黎，亲自挥师东进。10 月 12 日，法军占领了慕尼黑。10 月 17 日，法军在与奥军的乌尔姆战役中获胜。12 月 2 日，拿破仑加冕称帝一周年纪念日，法军以 7 万人马的弱势兵力击败了俄奥联军 9 万人马的优势兵力，夺取奥斯特里茨战役的重大胜利。由于此战中，法兰西帝国皇帝、神圣罗马帝国皇帝、俄罗斯帝国皇帝均亲自参战，因此此战又称“三皇会战”。这一战成就了拿破仑。他瓦解了第三次反法联盟，使自己的人生达到巅峰。

1806 年秋天，英国、俄罗斯帝国、普鲁士王国组成第四次反法联盟。拿破仑再度迎战，夺取了德国的大部分领土并攻占普鲁士王国首都柏林，又在波兰的艾劳战役和弗里德兰战役大败俄国军队。弗里德兰战役后，第四次反法同盟瓦解，拿破仑兼任意大利国王、莱茵邦联的保护人、瑞士联邦的仲裁者，并分封他的3个兄弟为那不勒斯、荷兰、威斯特伐利亚国王，还在普俄之间建立了一个华沙大公国作为缓冲国，封了一个傀儡为大公。从此，法兰西帝国在欧洲大陆的霸主地位得到了确立，拿破仑成为欧洲中部及西部的实际统治者。

1809年，第五次反法联盟形成。法军在4月19—23日五战五捷，大败奥军，于5月13日占领维也纳，继而迫使奥地利签订《维也纳和约》，又一次割让土地。1810年，拿破仑迎娶奥地利公主为妻，法奥结成同盟，法兰西第一帝国达到鼎盛。

拿破仑的野心日益变大。他日思夜想统治欧洲。1812年拿破仑把扩张的对象瞄准了俄罗斯。他率领50万大军远征俄罗斯，直捣莫斯科。虽然法军一直打胜仗，但是法军伤亡惨重。俄国也是善于作战的民族，他们懂得敌进我退的道理，开始采取了撤退不抵抗的战术，于是拿破仑一怒之下放火烧了莫斯科城。结果俄军切断补给，面对莫斯科的寒天，法军士兵们又冷又饿，负伤的战士得不到救治，军队大部分丧失了战斗力。拿破仑只得带着仅剩下1万人左右的残破军队大败而归，回到法国。

远征俄国，是拿破仑帝国由盛转衰的转折点。

1813年，英国、俄国、普鲁士、瑞典组成了第六次反法同盟。1814年3月31日，巴黎被占领。4月11日，拿破仑宣布无条件投降，法兰西第一帝国灭亡。拿破仑则被流放到地中海的一个小岛厄尔巴岛，后来拿破仑又私下建立了百日王朝。1815 年 6 月，法军在滑铁卢战役中覆没，拿破仑第二次退位。10 月，他被流放至圣赫勒拿岛。1821 年 5 月 5 日，当了 11 年皇帝的拿破仑在大西洋的这个孤岛上终结了自己短暂的辉煌，终年 52 岁。

03

不一样的皇帝与霸主

拿破仑称帝的时候，他宣誓忠于 1789 年的革命原则，也就是说尊重人权、自由、平等。他的所作所为虽然并不像这些原则显示的那样美好，但他这个皇帝与那些落后保守、拥有绝对权力、不受任何约束的皇帝还是有很大不同。在他四方征战，竭力保卫法国革命成果的同时，重视国家的文化教育事业和法制建设等，为巩固法国大革命的胜利，做了大量工作。

在教育上，他规定初中教育的老师由中央任免，高等教育则由政府主管。乡村初级教育由地方行政长官督办。当时法国有不少人支持官方教育，限制私人教育，于是拿破仑在这些人的支持下，兴建了帝国大学。拿破仑将专业技术培训、军事培训等资源牢牢把控在中央管理体系内，但他并不是完全反对私人教育，只是把私人教育纳入行政规范管理当中。

拿破仑时期，科学与工程人员得到了广泛的尊重，拉格朗日被授予伯爵并担任法国科学院院长。作为法国帝王的座上宾，拉格朗日常应邀于宴会之上发表演讲。科学与工程工作者也给予法兰西帝国应有的回馈，他们为法兰西帝国缔造一支踏平欧洲的战无不胜的铁骑，作出了巨大的贡献。

拿破仑在位期间，诞生了一部让人世世代代称颂的《拿破仑法典》，后改称《法国民法典》，这部法典是一部典型的资产阶级民事法典。该法典于 1804 年推出，它捍卫了资产阶级革命成果，打击了封建残余势力，体现了法国大革命的原则。它建立了比较完整的法律体系，在历史上流传甚广。拿破仑对这部法典十分重视，亲自参与了几乎所有条款的讨论。欧洲资本主义国家的所有法律几乎都借鉴了这部法典。滑铁卢一战抹去了关于拿破仑的一切荣耀，但是，有一样东西是不会被人们忘却的，那就是这部《法国民法典》。这部法典逻辑严谨，语言简洁，编排合理，是世界法制史上的一个重要的里程碑，其内在的价值和思想即使在今天也仍然光彩夺目。法律应当与时俱进，随着法国各方面实际情况的变化，该法典也经过 100 多次修改，以不断适应新的情况。它奠定了近代法律的基石，为近代民法中的财产法、家庭法和继承法的产生，提供了启示，夯实了基础。法典里所表现的启蒙思想和解放精神，对所有寻求自由与解放的民族，都具有极大的教育意义和价值。

《法国民法典》的立法原则可以被概括为：自由和平等原则、所有权原则、契约自治原则。所有法国人均享有民事权利，生产资料可以被资产阶级自由使用获得收益，农民的私有财产也获得了保障，对小农经济的发展有很大的促进作用，充分调动了广大民众的生产和各方面的积极性，为拿破仑统一法国及欧洲打下深厚的基础。直到今天，《法国民法典》里的精神仍对各国的民事立法有重要的启示和指导作用。

拿破仑身为一代帝王，他的人格魅力可谓光芒四射。他十分明白打天下要靠人心的凝聚和富有激励作用的宣传。所以他经常通过宣传等各种方法提高军民士气，塑造自己的公众形象。没有哪个统治者像拿破仑这般懂得笼络人心，他善于自我推销，善于宣传鼓动，处理公共关系更是不在话下。在他的早期征战生涯中，雄才伟略和娴熟的宣传手段是他一步步崛起的两大法宝。士兵们只要受到拿破仑的鼓舞就会精神抖擞，作战勇猛，不惧流血牺牲。

拿破仑经常发表演说，来引起民众注意，并通过脍炙人口的演说和对后来许下诺言的一一兑现，与手下的士兵建立了深厚的情谊。无论他遇到什么困难，他的士兵们始终追随到底，永不舍弃。

拿破仑在执政之后，将报纸的数量大大减少，对于内容也是严格控制，《公报》是拿破仑在外征战写给法国民众的战报。因此，《公报》上所传达的尽是法国青年的慷慨激情，激起他们参军的欲望。

拿破仑还善于将艺术品作为宣传手段。例如，有一幅画，画中拿破仑一手持剑，一手持军旗，一马当先地向另一边的桥梁冲过去；他的表情凝重，没有一丝畏惧，仿佛把生死置之度外，眼神回望后方，像在呼唤后方的士兵跟上。任何看到这幅图画的人，都会为之所动，精神为之振奋，都会被激励着勇往直前，无所畏惧。

拿破仑统治时期，虽然对外战争几乎没有停息，但他利用这些宣传手段，还是维持了 15 年的高效统治。

大革命以来，法国国内动荡，经济滞缓，物资紧缺，物价上涨，法国民众处于穷困潦倒的境地。战乱时期，各种物资优先保障战争。但是拿破仑是个有谋略的统帅，他以战养战，靠从被征服地掠夺的物资维持军需，并且和士兵们分享战利品，这样就能先解决士兵的生活温饱问题，然后把金银这种不易贬值的保价品当工资发给士兵。战争年代，国家发行的纸币极易贬值，而艺术不仅可以保值，还可以收买人心，为我所用。拿破仑就是通过这种以战养战的方式，拉拢国内权贵，鼓励士兵为他卖命，最终获得国内的支持。

04

背后的女人与奇闻逸事

拿破仑的一生中有两个为人们所知的妻子。一个是他挚爱的约瑟芬，一个是无奈的政治联姻玛丽·路易斯公主。

约瑟芬比拿破仑大 6 岁，当时还独自带着两个孩子。一次她和朋友聊天得知拿破仑的光辉事迹，十分敬佩，所以很想认识这位年轻有为的军官。于是她想出了一个好方法，让儿子来当她和拿破仑的“丘比特”。于是 12 岁的儿子遵照妈妈约瑟芬的吩咐，来到拿破仑住的地方，他恭敬地请求拿破仑发还他父亲的佩剑，他父亲是被罗伯斯庇尔处死的一名共和党将官。拿破仑摸摸孩子的头，对孩子说：“好。”那孩子双手接过佩剑流着眼泪并亲吻了父亲的遗物。约瑟芬的儿子没有让母亲失望，把这件事情办得非常漂亮。第二天，约瑟芬前来向拿破仑致谢，诉说自己对拿破仑的爱慕之心。约瑟芬卷曲的头发垂落在肩头，柳叶弯眉，目如星光，朱唇微启，法式礼服裙将她的腰身勾勒得玲珑有致。她是这么美貌这么坦诚，拿破仑被深深地打动了。眼前这位风韵犹存的女人令拿破仑心跳加快，他认定她就是他的妻子。1796年3月9日，拿破仑迎娶了心爱的情人约瑟芬·德博阿尔内。新婚后2天，由于意大利前线情况危急，他便匆匆奔赴前线。最终，在拿破仑的指挥下，装备很差的法国军队打败了武器精良的奥地利军队，拿破仑威震全欧，名传世界。

约瑟芬温柔又善良，深得拿破仑喜爱。但是，约瑟芬与拿破仑结合后的最大不幸是没有孩子。拿破仑一心想的是称霸欧洲，成就霸业之后他当然希望有儿子继承他的事业。1804年他尊为皇帝后，想要儿子的愿望就更强烈了。于是在1809年，40多岁的拿破仑终于对约瑟芬说出“离婚”两字。那天，约瑟芬同拿破仑像平时一样坐在大圆桌边共进午餐。餐后，拿破仑啜了一小口咖啡，令左右退下。他走近她，爱惜地握着她的手按在心口。他们双目对视，拿破仑说：“约瑟芬，我亲爱的约瑟芬！你知道我爱过你，我在人世得到的仅有的幸福时刻都是你一人赐给的。但是，约瑟芬，我的命运要高过我的意志，我最珍贵的爱情必须让位给法国的利益。”约瑟芬很善解人意，纵然自己深爱着眼前的男人，但还是为了他的理想同意了离婚。离婚后，约瑟芬居住在马尔梅松寝宫，拿破仑经常看望她，但约瑟芬一直心情抑郁，吃不下饭睡不着觉。约瑟芬死后，拿破仑多次去她墓前大哭。

拿破仑直到去世时，还挂念着约瑟芬。

1810 年 4 月的一个阳光正好的日子，拿破仑与奥地利女大公玛丽·路易斯成婚，次年 3 月得子。

为了政治目的，拿破仑与结婚十多年的结发之妻离婚，身为一代帝王，拿破仑有他自己的无奈。

这位奥地利公主从小就受身边人的影响，耳濡目染，对拿破仑攻打奥地利的耻辱早已记恨在心。这种政治婚姻，对于拿破仑而言只是为了拉拢奥地利，本身就毫无感情可言。所以，在拿破仑兵败之后，他们的婚姻自然土崩瓦解。

有关拿破仑的故事还有很多。

有一次，拿破仑和他的军队走在山间，突然一块大石头从天而降，拿破仑忠心耿耿的贴身警卫一把推开拿破仑，自己却一个踉跄跌入悬崖。幸运的是，一根峭壁上突出的树枝挂住了他的衣服，情况万分危急。就在这时，拿破仑突然举起枪对准警卫，吼道：“你若不自己爬上来，我就一枪打死你！”士兵们都惊呆了，以为拿破仑竟这么不近人情，举手之劳都不肯帮忙。之后警卫听到命令，明白唯有自救才能得救，于是使尽全身力气，攀上悬崖。士兵们这时才知道将军的意图：人只有在生死攸关的时刻，才能够激发自己的生存意识，做到本不可能做到的事情。拿破仑就意识到了这一点。

拿破仑这位至高无上的帝王不仅对待自己的士兵亲切友

好，对法国民众也含有怜悯之情。拿破仑当了统帅以后，有一次，天气晴朗，阳光灿烂，他心情愉悦，就约几位手下大将去郊外赛马。那个时代的将军，都以马上功夫著称，拿破仑更是英姿飒爽，正欲挥鞭扬长奔去，但是他的赛道上不知道怎么突然出现了几个乞丐，挡住了去路。他手下的护卫兵迅速举起枪斥责这些乞丐，让他们赶紧离开。拿破仑却下马命令护卫兵们不要欺负弱者，把他们送往安全地带。

拿破仑保护犹太人的权利，重罚了那些压迫犹太教人民的人，重建犹太教堂，让犹太人自由地活动。事实上，在意大利战争的时候，他每征服一地，就宣布取消对犹太人的歧视政策。这些都不是虚伪地争取民心，而是出于拿破仑的本心，他只是在做自己认为正确的事情。拿破仑后来还公开表明，法国的大门是向犹太人敞开的。我们不能说拿破仑没有一点私心，因为大家都知道犹太人善于敛财，接纳他们就等于接纳了财富和生产力，但拿破仑同情他们，想要帮助他们，他对人民的态度也使他得到人民的尊敬。《拿破仑法典》还以法律形式保护宗教信仰自由。

拿破仑在位期间做了一笔看似有利的交易，这个交易在当时看来只是为了解决当时的燃眉之急，为了解决问题想出来的对策，然而却成了他一生中产生最持久、最重大影响的一件事。1803 年，拿破仑卖给美国一片辽阔的土地。当时拿破仑军队因为战争兵力大大减弱，急需资金来重振雄风。他担心美、英联手，乘虚而入，进攻路易斯安那地区。与其让它们落入宿敌英国之手，不如卖给美国，法国还能得到一笔巨额资金，缓解战争的后顾之忧，确保法国在欧洲大陆的政治优势和军事优势。1803 年 4 月，法美签订《路易斯安那条约》。这也许是整个人类历史上规模最大的土地转让，美国以 1500 万美元获得路易斯安那 210 万平方千米的土地，美国领土一夜间扩大近两倍，大大地促进了国内今后的发展。

大家都知道贝多芬的《英雄交响曲》，却不知这个曲子的原名是什么，是为谁而写，实际上这首曲子原来叫《拿破仑·波拿巴大交响曲》，是受法国驻维也纳大使的邀请为拿破仑写的。但贝多芬是一个爱憎分明的人，没想到自己心目中的一个大英雄竟然是一个野心勃勃的人。贝多芬一听到拿破仑称帝的消息，就勃然大怒，毅然撕毁曲目，把曲名改成了《英雄交响曲》。

1815 年 10 月，百日王朝垮台后，拿破仑被流放到大西洋的圣赫勒拿岛，1821 年 5 月 5 日，拿破仑在岛上去世。他的死因众说纷纭。大不列颠及北爱尔兰联合王国医生的验尸报告显示他是死于严重胃溃烂；也有研究发现拿破仑身体中砷含量超出指标 100 倍，历史学家从当年贵族爱用的墙纸上，发现了含有砷的矿物，于是，人们猜测是因为环境潮湿而让砷在环境中渗透出来，对拿破仑的身体造成了伤害；甚至有一说是蒙托隆伯爵因为受到英国人的贿赂以及急于继承拿破仑留给他的一部分遗产而在给拿破仑的葡萄酒中长期投放砒霜，致使拿破仑慢性中毒。拿破仑的死因成了一个未解之谜。

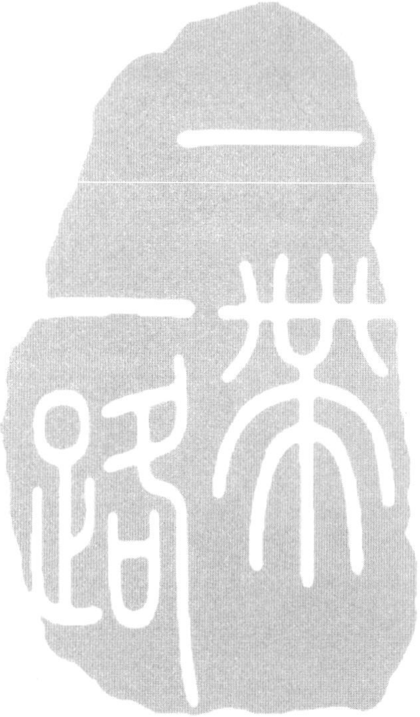
一帶一路

Chapter 04

启蒙先驱

——伏尔泰

一代文豪
伏尔泰
二〇二〇年六月

1778年2月10日，一位耄耋之年的老人在阔别家乡巴黎29年之后，再次回到自己的故土。消息传出后，巴黎全城轰动。人们把街道挤得水泄不通，各界人士纷纷拜访他，妇女们甚至在他经过时，偷偷从他身上揪下几根毛发当圣物保存着。他就是深受法国人尊重的一代文豪伏尔泰。

伏尔泰（Voltaire，1694—1778），本名弗朗索瓦－马利·阿鲁埃（François-Marie Arouet），伏尔泰是他的笔名。法国启蒙思想家、文学家、哲学家 、史学家、著名学者。伏尔泰出生在巴黎一个富裕的中产阶级家庭，先后在巴黎耶稣会和大路易高中接受教育。1711年至1713年间在巴黎法科学校攻读法律。担任过法国驻荷兰大使秘书。1715年，因写诗讽刺当时摄政王奥尔良公爵被流放到苏里，从此开启他的文学创作和社会文化研究生涯。他一生创作了50多部戏剧作品、大量哲理小说和历史著作。他的代表作有《哲学通信》《形而上学论》《路易十四时代》《彼得大帝治下的俄罗斯》《议会史》《风俗论》《老实人》《天真汉》等。他一生用笔为思想和言论自由而战，被称作18世纪法国资产阶级启蒙运动的泰斗，被誉为“法兰西思想之王”、“法兰西最优秀的诗人”和“欧洲的良心”。伏尔泰主张开明的君主政治，强调自由和平等。许多法国启蒙运动中，我们耳熟能详的人物如狄德罗、卢梭、孔狄亚克、布封等，都尊称伏尔泰为老师，对他尊敬至极。

01

人不风流枉少年

1694 年 11 月 21 日，伏尔泰出生在巴黎。他刚出生的时候身体特别孱弱，医院的医生，甚至家人都觉得他活不了几天。可是谁也没想到，他的生命力是那么的顽强，竟拖着这虚弱的身体活了 84 年。而且他用一生创造了卓越的成就向世界证明自己的存在，证明他存在的价值。

伏尔泰出生在一个比较富裕的家庭，父亲是巴黎夏德莱区法院的公证人，属于中产阶级，母亲身上则带着贵族血统，是整个家族的荣光。他天生身体孱弱，却有着天才般的头脑与才华。从小受到神父夏多纽夫的教导，3 岁就会背诵反宗教的诗《摩西亚特》和拉·封丹的《寓言》，厌恶一切盲目的宗教狂热。他幼年时受到的一系列启蒙教育对他后世的影响是巨大的，而这些教育大多来自这位神父。

10 岁的时候，伏尔泰的父亲想方设法把他送到一所贵族学校——大路易中学学习。这个学校等级制度分明，贵族子弟享有绝对的优势和特权，可以住单人间，带仆人，而普通资产阶级子弟只能住集体宿舍，还要时常受贵族子弟欺负与侮辱。上学期间，伏尔泰看透了整个社会的不公，在脑子里深深地种下了自由平等的观念。中学期间，伏尔泰就在文学戏剧方面显露出惊人的天赋。12 岁就写出一部悲剧《阿穆利乌斯和努弥托尔》，他本人也擅长演戏。大路易中学的教育制度虽然落后，但是对文学还是比较重视的。因此，在中学期间的经历对伏尔泰以后的创作还是有所益处的。他在学校擅长交际，经常和志同道合的人一起讨论学术思想、作品精神。伏尔泰父亲的心愿是让他成为一名律师，于是中学毕业后就把他送到巴黎法科学校读书。伏尔泰宁死不从，对他父亲说："如果不让我写作，我活着还有什么意义？"父亲一怒之下，将他送到海牙去反省。

对伏尔泰来说，在哪儿都不能泯灭自己的兴趣和梦想，在哪儿也阻挡不了自己想当一个文学创作者的愿望，他相信只要自己有才能，在哪儿都能闯出一片天地。海牙在政治上开明，思想更加自由，气氛着实令人喜悦。就是在这里，他遇到了自己的初恋。那是一个美丽清纯的姑娘，名叫奥令波，伏尔泰对她一见钟情，深深地被这位姑娘所吸引。他大胆追求，用他的强项——写情诗，去博得姑娘的欢心。姑娘也倾心于他，他们开始了轰轰烈烈的爱情，每天花前月下，对酒当歌，过着神仙眷侣般的日子。可是，好景不长，奥令波的母亲极其反对他们的恋爱，竟然跑到大使馆去揭发伏尔泰。这件事从海牙传到了伏尔泰父亲的耳中，他气得暴跳如雷，将伏尔泰带回家中严加管教。伏尔泰可怜的初恋就这样被父亲扼杀在了摇篮之中。回到家里，父亲给他安排了一个律师的工作，他还是不喜欢，整日自由散漫，又和以前的那些王公贵族们开始高谈阔论，同时开始创作自己喜欢的戏剧。父亲又罚他去德·塞恩侯爵那里做秘书，这一惩罚简直帮了伏尔泰一个天大的忙。

德·塞恩侯爵是一个在路易十四时代宫内的政治家，这位老先生的法律知识伏尔泰没听进去多少，倒是他描述路易十四公开或隐秘的生活故事引起了伏尔泰的兴趣，伏尔泰把他所了解到的都记录下来，为后世的两部著作《亨利亚特》和《路易十四时代》积累了素材，奠定了基础。后来，路易十四去世，5 岁的路易十五上台，其叔父奥尔良公爵担任摄政王管理朝政。摄政王并非是个贤者，生活混乱无章，伏尔泰写诗进行讽刺，结果被流放到偏远的小镇。父亲通过关系，把他流放到了离巴黎较近的苏里。说来也巧，伏尔泰在这里又邂逅了第二个情人——莉佛尔小姐，但这段美好时光也是短暂无果。回到巴黎之后，伏尔泰并没有屈服于权贵的威赫，勇敢地写出一首诗《在幼儿的统治下》，揭露宫廷的腐败和淫乱的生活，结果又被摄政王送进了巴士底监狱。

巴士底监狱专门关押一些法国的名人或者和伏尔泰类似因言论或思想惹怒统治者的人。年纪轻轻的伏尔泰被困于此，虽然身体上没吃多少苦头，但这漫长的日子该怎么打发呢？然而，正是这无人打扰潜心反省的 11 个月，给了伏尔泰大把时间，他在这里开始创作他的第一部戏剧作品《俄狄浦斯》，一年后《俄狄浦斯》顺利演出，伏尔泰在巴黎一炮而红，由此开始陆续创作出大量诗歌和剧本，迅速跻身富人之列。这段时间他的情人也是数不胜数，“伏尔泰”的笔名也就是在这期间取的，从此他的原名渐渐被人淡忘，伏尔泰这个名字响彻欧洲。

1726 年发生了一件事，大大改变了伏尔泰的生活。因为声誉日隆，他被一个贵族嫉妒，受到当局迫害、流落英国，这件事打破了伏尔泰纸醉金迷的梦，让他彻底看清了统治者的面目。

02

启蒙运动的先驱

伏尔泰天资聪颖，善于思考，反应灵敏，是集思想、智慧和才学于一身的伟大文学家。他的作品大多一针见血、语言犀利，善于运用讽刺手法。他的书曾经被列为禁书，也多次被统治者逐出国门。

流亡英国期间，伏尔泰见识到了英国资产阶级先进的政治和文化，十分欣赏。当时，英国的宗教气氛远比法国淡薄，民主和自由思想充斥着整个社会。在这样的环境下，他着手研究英国的资产阶级君主立宪制，他在当时英国的文学界、政界都很受欢迎，也结交了许多著名的诗人、小说家、剧作家和其他一些有名望的人。他也是第一个把莎士比亚和牛顿这两位伟大人物介绍到法国的人。尽管有些观点有很大的不同，但是莎士比亚对戏剧创造性的发展让他十分钦佩。他还潜心研究牛顿的理论和著作，并把他的学说引入法国。通过莎士比亚和牛顿，伏尔泰深深体会到：“文学上的才能要比高贵的出身更重要。”

1726—1728 年，伏尔泰流落英国这 3 年中，创作了不少作品，其中最著名，影响最大的要数《哲学通信》，这是他的第一部哲学专著，大力抨击了法国的封建专制制度、宗教道德和科学体系，被称为“18 世纪法国思想界接受英国影响的滥觞”。1729 年，因得到法国国王路易十五的默许，伏尔泰回到法国。以后一些年他陆续完成和发表了悲剧《布鲁特》《扎伊尔》，以及历史著作《查理十二史》等。1734 年，《哲学通信》出版后被查禁，巴黎法院下令逮捕作者。为了躲避灾祸，伏尔泰隐居在他的情人米艾莉·夏德莱侯爵夫人家中。夏德莱侯爵夫人是伏尔泰一生之中最重要的情人，她家位于法国和荷兰边境的西雷，是一个古老僻静的贵族庄园，在这里，伏尔泰与夏德莱侯爵夫人度过了甜甜蜜蜜、如胶似漆的15年，直到1749年侯爵夫人去世。在这15年期间，可能是由于内心的苦闷，他创作了大量悲剧如《穆罕默德》《凯撒之死》，还创造了哲理小说《查第格》，撰写了历史著作《路易十四时代》等。

历史上有名的普鲁士国王腓特烈二世在继承王位之前，就一直仰慕伏尔泰的盛名。1736年，当时还是王储的他就写信给伏尔泰表达赞扬和钦佩之情。伏尔泰大为吃惊，不知道是什么原因使得王子弗里德里希对他如此青睐，当时伏尔泰也处于比较危难的时刻，因为写了几部著作得罪法国政府和教会，这时，这位弗里德里希对他的支持和肯定无疑是雪中送炭。于是，他马上写了回信，在信中也表达了对这位王储的赞扬欣赏之情，从那以后，他们便开始了频繁的书信交往。弗里德里希是在法国人的簇拥下长大的，因此像大部分法国人一样，特别喜欢文学哲学类的书籍，经常看到深夜。可是，当时的国王希望自己的接班人是一个军人国王，希望孩子从小习武，以武力统治国家。弗里德里希法文学得好，也很擅长法文写作，但有时候写出的作品不能令自己满意，就会请伏尔泰帮他修改，伏尔泰也不管是好是坏，一律给予夸赞。伏尔泰虽然喜欢结交权贵并且炫耀，但是他自尊心特别强，不允许别人贬低他，不允许别人把他当作附庸，在弗里德里希提出要为他提供官职时，他断然拒绝。伏尔泰有深刻的王权主义思想，所以他对国王抱有很大希望，希望国王能用哲学思想治理国家，法国当局腐败，他觉得弗里德里希能成功做到的几率很大，特别是弗里德里希写了一本《反马基雅维利》，提出君主应当用公正、仁善之心治理国家，伏尔泰对他的好感度直线上升。但是谁也不曾想到，弗里德里希继位之后，做法却大相径庭，与之前的腐败国王没什么两样。因为没有认清这个人的真面目，日后伏尔泰吃了不少苦头。

1740 年，伏尔泰发表《穆罕默德》，与法国当局的关系缓和。那时正值战乱时刻，法国当局也知道了伏尔泰与普鲁士国王交好，想利用他和普鲁士联盟。伏尔泰当时信心满满，觉得以他和弗里德里希的友好关系一定能达到此行的目的，但是他还没有意识到这位王储当上国王的转变，不曾想竟种下了祸根。伏尔泰当时在法国王宫内和国王路易十五的几个情妇关系都不错，他长得虽然不帅但是才气逼人，吸引了不少少妇的眼球，其中一个是蓬巴杜夫人。这个女人对伏尔泰在王宫能稳住地位起了很大作用。伏尔泰被任命为宫廷史官，为法国王室歌功颂德；然后又于 1743 年当选为英国皇家学会会员，1746 年当选法兰西学院的院士，并被任命为国王侍从。伏尔泰感觉已经到了人生巅峰，不禁飘飘然，肆意炫耀。有因必有果，他再一次得罪了国王王后，不得不连夜出逃。他并不是那种爱附庸权贵之辈，他在王宫待的那段时期是他努力去缓和关系的结果，谁知到最后还是不欢而散。于是，他又开始了逃亡之路。他先是去曼纳公爵的索宫待了一段时间，很受曼纳公爵夫人喜欢。公爵夫人经常与他一起兴高采烈地彻夜交谈，一谈就谈到天亮。曼纳公爵是路易十四的儿子，自然对路易十四的事情有所了解，这对于伏尔泰写作《路易十四的世纪》来说大有益处。伏尔泰也经常写点诗歌小说念给公爵夫人听，这个时期他的写作风格都比较轻松自如，也很受大家喜欢，同时也创作了许多戏剧和小品，并组织了剧团进行表演。但是，好景不长，毕竟是寄人篱下，伏尔泰觉得自己的选择权利和自由受到了束缚，没有得到尊重，于是便扬长而去。1748 年，他和艾米莉（夏德莱侯爵夫人）回到了西雷。

在这短暂的流亡期间，他最著名的著作要数《查第格》，这本著作里伏尔泰整体的风格都比较消极悲观，他并不想跟法国皇室完全杜绝关系，但是还是希望路易十五能够做一个开明的皇帝，不跟法国当局决裂。因此，在回到西雷后，他还是在努力缓和与皇宫之间的关系。伏尔泰对戏剧的热爱始终不减，1749 年艾米莉因难产而去世后，伏尔泰在德尼夫人的陪同下回到了巴黎，继续自己的写作事业。他完成了一部悲剧《俄瑞斯忒》，然后进行公演，但是却没有想象中的受欢迎。同时，他还在进行着一项启蒙时期重要的著作《百科全书》的写作。这本书本来是由狄德罗和达兰贝尔写的，伏尔泰十分欣赏他们，他们都很有才华，也有一定的成就，听说他们要写这么一本著作，受到许多人的支持，伏尔泰与卢梭、孟德斯鸠、爱尔维修等先后都加入其中，他们被称为“哲人党”，后来又被称作“百科全书派”。此后启蒙运动就有组织了，不再是零零碎碎的拼凑了。

再加上伏尔泰曾经去过英国，在当地详细考察过英国君主立宪制度和英国当地的社会情况、风俗习惯，也深入研究过牛顿物理学的新成果，对英国的唯物主义经验论也有所了解，之后逐渐就信奉了自然权利说。从有关伏尔泰的研究来看，我们可以说他是个挺矛盾的人。伏尔泰认为人是平等的，人人都享有自然赋予的权利。他也主张法律面前人人平等，但是他却认为财产平等是不大可能实现的，其实这就体现出了资产阶级重视财产权的思想。这位法国来的思想家把英国的君主立宪制想得太理想了，不过这也可以算是历史发展的局限性。伏尔泰认为最理想的情况就是由开明的君主按照哲学家的意见来治理国家，丝毫没有想过现实比想象的复杂得多。在哲学上，伏尔泰承认物质是客观存在的，认识来源于经验，但他又认为至高无上的神才是宇宙的第一推动者，承认神的伟大。由于阶级局限，他十分鄙视广大劳动人民，认为农民只能干粗活，不会思考。伏尔泰同时也是个自然神论者，对宗教有着自己的看法，他提倡宗教信仰自由，批评宗教狂热，他的一生都在和宗教偏见作斗争。但他又认为宗教是治理国家社会安定必不可少的手段，宗教可以抑制人类情欲和恶习，他还说“即使没有上帝，也要造出一个上帝来”。他的宗教方面最著名的代表作就是《五十个说教》，讲的是50个有思想的文人发表的50个演讲，揭露基督教的封建愚昧，宣扬自然神论。伏尔泰还支持马肖尔特的税制改革，但是因为触怒了教会而无法实施。在法国受尽排挤和迫害后，他深深地绝望了，于是在发表了《圣贤和百姓的声音》之后，就接受了腓特烈二世的邀请前往普鲁士。

1749年，伏尔泰曾短暂地回到巴黎。1750年，伏尔泰应德国国王弗里德里希（普鲁士国王腓特烈二世）的邀请到柏林。

伏尔泰的马车刚到，德国国王弗里德里希亲自接他下车，为他举办欢迎会，给他宫廷文学侍从的职位和高昂的薪水、温馨的写作环境等，这使得伏尔泰十分欣喜，与在法国受到的冷眼相待和无辜迫害截然不同。弗里德里希将伏尔泰留在宫中不仅是因为他才能出众，能为他的王宫增添色彩，而且还能帮他修改诗文，提高自己的创作能力。殊不知小人处处有，普鲁士王宫里也有。因为几个小人的挑拨，弗里德里希和伏尔泰之间的关系逐渐破裂，甚至到仇人相待的地步。一怒之下，伏尔泰将弗里德里希赐给他的徽章、钥匙都还给他，并写了一封信辞别。国王还依依不饶，让伏尔泰交出之前写的诗文稿件，还拿走他所有路上用的盘缠。伏尔泰只有答应国王的要求，以后在居留柏林时期出版了他最重要的著作《路易十四的世纪》。

伏尔泰的普鲁士之行就这样结束了。3 年普鲁士宫廷侍从的生活，给伏尔泰留下了沉痛的教训，现在的他已年过花甲，却成了无处可归的人，他不想再过这种流浪的生活了，他想定居下来，想找一个不被打扰的安定的地方。他反复思考以后决定去瑞士。

1753 年，他在日内瓦定居了下来，碰巧的是卢梭出生在那里，虽然他们之间的关系一直不太和谐，甚至从彼此最初的不信任、不真诚，一直发展到最后的互相攻击，但是卢梭对伏尔泰还是很敬重的。他们经常在一起辩论研究，受卢梭的影响，伏尔泰对中国的文化和历史产生了兴趣，开始研究中国哲学与文学，去推动启蒙运动。在中国元代杂剧家纪君祥的作品《赵氏孤儿》的启发下，他写了一部《中国孤儿》

的戏剧。这是首次尝试把中国的元素加入进去，获得了极大的成功。由此，许多中国戏剧被引入欧洲，伏尔泰也获得了很高的荣誉。伏尔泰忍受不住戏剧的诱惑，建了个小剧场来表演，但在日内瓦这是不允许的。于是伏尔泰在法国和瑞士边境上一个叫凡尔纳的地方置购房产定居下来，从此投入到轰轰烈烈的启蒙运动中去。

整个晚年，伏尔泰没有什么后顾之忧，只想好好创作，让更多的人看到他的作品。他一直以满腔的热情和毅力来从事大量的创作，陆陆续续为《百科全书》撰写了613条辞目，提名为“哲学辞典”公开发表。除了继续创作戏剧作品外，他还完成了《彼得大帝治下的俄罗斯》《议会史》等历史著作和《老实人》《天真汉》等哲理小说。伏尔泰的不倦斗争，推动了启蒙运动的发展，他本人也被人们尊称为“凡尔纳教长”。有一件事值得一提，凡尔纳虽然地处偏远，但伏尔泰却一直与欧洲各国的各阶层人士保持频繁通信。信件加起来足有1万多封，和他通信的人数在700人之上。他跟众多通信者讨论各种社会问题，宣传他反专制反教会的思想，让更多的人知道他的决心，让更多的人了解他的思想。伏尔泰的斗争不为名利，只关乎革命与资产阶级。他用锋利的笔尖抗击封建势力和教会。世人传播着他的思想，为他的思想所折服。“伏尔泰”3个字响彻整个欧洲，不少社会名流不辞辛苦来到凡尔纳想要见他一面。伏尔泰的部分书信后来被保存了下来，为世界文学增添了一抹色彩。

03 人生难得一知己

法国当时的社会风气，上流社会的王公贵族们都有很多情人，并且都是公开的，像伏尔泰这样的大文豪当然也不例外。但是在他的一生中，影响最大的还是艾米莉·夏德莱侯爵夫人。这位夫人是当时有名的才女，不仅精通物理、数学、天文学，还懂英文、意大利文和拉丁文，她也非常崇敬伏尔泰的人品和学识。他们相遇时，她已嫁人，并生有 3 个孩子。当时的社会风气是，妻子生了孩子就已经履行了婚姻的责任，她可以在婚姻之外享受自己的幸福了，况且她思慕伏尔泰已久。当伏尔泰遇到困难时，艾米莉毅然决然地帮助他，两人也是一拍即合，很快就在一起了。夏德莱侯爵并不是特别富有，他不关注自己的庄园，而且一点也不在乎艾米莉和伏尔泰的恋情。有时候伏尔泰和夏德莱侯爵夫人吵架，侯爵还会去劝和，从这件事中，我们就可以看出当时法国社会自由放荡的风气。

1734 年，伏尔泰遭巴黎法院追捕时，他逃至情妇艾米莉·夏特莱侯爵夫人在西雷村的庄园，在那里隐居 15 年。在西雷时，伏尔泰和艾米莉幸福地生活着，他们两人十分相爱，志趣相投，他们有很多朋友。伏尔泰和艾米莉都各自有自己要做的事情，伏尔泰当然是专心研究哲学和资产阶级思想，而艾米莉则研究一些物理和语言。他们俩都热爱自己的事业，有时彼此除了吃饭时间外几乎见不到面。但他们对朋友很热情，每天午饭后的半个小时，伏尔泰会邀请他的客人们来他书房的门廊里随意交谈，谈笑风生。艾米莉是巴黎上流社会中的名媛，很习惯在巴黎的生活，并不想去西雷，但是出于对伏尔泰的爱，她还是追随他到西雷。两人的爱情几乎是柏拉图式的，并且他们也都很乐意保持这种哲学式的恋爱。

但是，这对浪漫情侣的生活并不全都是阳光灿烂，偶尔也会产生矛盾。艾米莉性格有时候很傲慢、苛刻甚至残酷，特别是在用钱方面对待仆人十分苛刻和吝啬，对待她们十分挑剔，哪怕为桌子上多了一点灰尘都会大发雷霆呵斥她们，也会想方设法克扣仆人的工钱。有时候伏尔泰想多给一点，她就会露出不满之情，伏尔泰只能私下里偷偷塞给仆人。伏尔泰有时非常自负，有时又特别任性，他脾气暴躁，很容易生气，经常和艾米莉争吵。但争吵过后，无论谁对谁错，伏尔泰总会先服软，并能很快地释怀，甚是宠爱艾米莉。在朋友面前提起来，他只会提开心的事情，说他是多么的快乐，如何爱着艾米莉，他们过得很幸福。据说有一位英俊的绅士经常来看艾米莉，教她数学和物理，艾米莉也很钦佩他的学术成就，还公开表示过。伏尔泰是个内心比较敏感的人，自己的爱人公开说敬佩别的男人，这奇耻大辱怎么受得了，伏尔泰的心里燃起妒火，最终他们决定用古老的方法比剑决斗，一决高下。不过，伏尔泰都只将这些看作生活的调味品，这些事情也是他创作的源泉。

艾米莉对自然科学十分感兴趣，逐渐地影响了伏尔泰。在英国待的那段时间，在爱米莉的影响下，他潜心于钻研牛顿的物理学和自然哲学。他的许多朋友们都不理解，一个文学家为什么去研究那么无聊的物理学，但是伏尔泰仍然固执地进行自己的研究，并撰写了《牛顿哲学原理》。虽然伏尔泰的伟大贡献基本都在文学，但是他把牛顿的理论介绍到法国，促进了启蒙运动的发展，促进了法国的发展。

04

卡拉的恩人

伏尔泰从很早就开始反对教会，也一直被教会看作眼中钉。他不仅在言语中、著作里大肆抨击教会的可恶，在行动上也大力支持反教会运动，尤其反对宗教狂热分子。其中，最著名的要数下面这个宗教迫害事件。

1761年10月的一天，土鲁斯城的一个住户发生了一场可怕的悲剧。这家的主人让·卡拉是胡格诺派的商人，为人善良随和，颇受人尊敬。他的夫人出身贵族，家教也很好。儿子马克·安东尼，性格孤寂。当天深夜，马克·安东尼在吃饭时也未曾见什么异状，谁知吃完饭后，让·卡拉就发现马克·安东尼在店铺里悬梁自尽。一时间全家人都慌了手脚，母亲抱着孩子失声痛哭，痛心疾首，因为动静比较大，便引来了邻居们的围观。突然，在围观的人群中有人说道："马克·安东尼是被他父母杀死的，因为他选择了天主教，按照胡格诺教的传统，宁愿杀了孩子，也不愿让孩子改教。"一位法官闻讯赶来，二话不说，也没调查，也没审讯，甚至连现场也不看，便将"谋杀"事件发生那天晚上在家的人全部拘捕归案。马克·安东尼为什么自杀？要说是全家老小共同合谋杀死一个嫡亲的骨肉，多么滑稽！但就是这样荒谬的事情，被教会拿来耀武扬威，他们把马克·安东尼宣布为神圣的殉道者，并风风光光地为他操办了葬礼。原来，事实是，这位青年热爱法律，一心想当律师，但因拿不到天主教徒的证明书，被迫从事商业。他想让父亲资助自己做生意，但是遭到拒绝。失望之余，他天天借酒浇愁，逐渐地债务越积越多，他便选择了自杀。

一个 60 岁的老人，身体一定不是很健壮，怎么可能有力气吊死一个年轻力壮的小伙子呢？“谋杀”之罪显然不能成立。检察官迪库觉得事有蹊跷，他出于正义感毅然出庭为卡拉夫妇辩护，却被停职 3 个月。律师絮德尔想阐明事实真相，但被蒙蔽双眼的法官却置之不理，反而认为这位律师无能。1762 年 3 月的一天，天气阴冷，风“嗖嗖”地刮着，似乎在渲染着这场悲剧的悲凉。老卡拉被判决车裂之刑。上刑场前，老卡拉又怒又悲地说：“我已经说明真相，为什么却得到如此不公平的判决，冤枉啊，无辜啊，可气啊，无奈啊……”这件事当时闹得沸沸扬扬，街头的人们都在谈论这件事情，大家心里都明白卡拉是冤枉的，但是却碍于法庭的权势，无一人敢站出来反抗申冤。但是，大文豪伏尔泰与一般的市井百姓不同，他一向看不惯教会的作风，所以他现在十分怀疑这次审判是否正义。毫无疑问，在这样的案件中，卡拉必定不是第一个受害者，也不会是最后一个，这都是因为当时的法律制度的缺陷造成的。法官大多数都是宗教狂热之徒，蔑视法理，却一副道貌岸然的样子，称自己是法律的捍卫者。那时候法庭实行秘密审判，审判过程不公开，在这样的法治环境下，卡拉的死亡似乎并不难理解。伏尔泰决心利用这次机会，好好打击这些可恶的法官，冲击当时的法律体系。经过多方面的调查，伏尔泰了解到卡拉的确是无辜的，他掌握证明卡拉无罪的证据。伏尔泰要做真正的正义维护者。

于是，伏尔泰各处奔走，宣传卡拉的无辜与法庭和教会的腐败。他为这件事情整整忙碌了4年，通过各种渠道，找各个领域的朋友帮忙，亲自去搜集卡拉无罪的证据。他还不辞辛苦，将卡拉被流放到日内瓦的两个儿子接到凡尔纳，他认真记录这两个儿子的供词，理性而又冷静地分析事情发生经过，做出自己的判断。为此，他发表了卡拉两个儿子的口供，执笔写了一本小册子，内容就是卡拉一案的真相，目的是赤裸裸地揭露这起惨无人道的冤案。伏尔泰非常同情卡拉一家，他为卡拉的夫人提供了全部路费，把她接到巴黎。巴黎的人们知道卡拉的夫人来了，又开始了一番街谈巷议。这正是伏尔泰想要的效果。借助社会舆论的力量，1763年2月，伏尔泰亲自提交上诉书。3月，枢密院终于迫于各方压力下令重审卡拉案。结果，伏尔泰大获全胜，卡拉及其一家终于沉冤昭雪。法国国王为表示歉意和慰问，给了卡拉夫人一大笔赔偿金，卡拉一家也重新获得自由。

伏尔泰晚年还是回到了凡尔纳庄园。即使人到晚年，伏尔泰这位启蒙运动的战士也没有忘记自己的初衷，始终在与封建势力和教会做斗争。那时候的法国因为宗教问题引发的斗争不断，造成了大批被宗教迫害的逃亡者。伏尔泰同情这些无辜的人，就在自己的庄园内收留这些难民，前后加起来有上百名。他也是个侠肝义胆的人，他经常为那些受冤屈的人打抱不平，替那些受委屈的人伸张正义，平反冤案。

1778 年 2 月，84 岁的伏尔泰在旁人的搀扶下，拄着拐棍，颤颤巍巍地回到离开 28 年的巴黎。得知伏尔泰要回来，巴黎上下都沸腾了。一些敬佩他的年轻人尤其欣喜，早早围在伏尔泰所住的旅店，周围的街道也是人山人海。回到巴黎，伏尔泰激动万分。然而他的尿毒症这时候发作，年迈的他不得不卧床。伏尔泰虽然无力执笔，但是仍然坚持口述《伊雷娜》的创作。这是他最后一部五幕诗体悲剧作品。演出时，巴黎和凡尔赛反响很强烈，就连王后都出席了演出。伏尔泰也拖着病体来到现场享受他最后的荣耀。伏尔泰将一生投入启蒙运动和创作，直到他生命最后一刻，他尤其热爱戏剧，戏剧也是他最高产的领域。

1778 年 5 月 30 日，伏尔泰与世长辞。临终前，他对自己的后事做了安排：把棺材一半埋在教堂里，一半埋在教堂外。意思是说，上帝让他上天堂，他就从教堂这边上天堂；上帝让他下地狱，他可以从棺材的另一头悄悄溜走。

伏尔泰曾尖刻地抨击天主教会的黑暗统治。他把教皇比作“两足禽兽”，把教士称作“文明恶棍”，说天主是“一些狡猾的人布置的一个最可耻的骗人罗网”，号召“每个人都按照自己的方式同骇人听闻的宗教狂热做斗争，一些人咬住他的耳朵，另一些人踩住他的肚子，还有一些人从远处痛骂他”。因此，教会对他恨之入骨。在教会的阻挠下，伏尔泰遗体不得不秘密运到香槟省，安放在一个小礼拜堂内。直到 1791 年法国大革命期间，人民才把他的遗体运到首都，并在他的柩车上写着：“他教导我们走向自由。”

伏尔泰毕生主要从事戏剧创作，先后写了50多部剧本，其中大部分是悲剧。他的文学作品中最有价值的是哲理小说，这是他开创的一种新体裁，用戏谑的笔调讲述荒诞不经的故事，影射和讽刺现实，阐明深刻的哲理。此外，他在诗歌、小说、政论、历史和哲学诸多领域均有卓越贡献。主要代表作有《哲学通信》《路易十四的世纪》《老实人》《形而上学论》等。

伟大的人物总会受到世人的景仰，他的作品，他的思想得到广泛传播。他的作品被翻译成多国语言，被世界各国人民所欣赏，给人以启示和力量。他的许多思想和学说影响了一代又一代人，为人类如何真正地获得自由和解放提供了宝贵的精神财富。

一带一路

Chapter 05

思想高于一切

——孟德斯鸠

思想高于一切
孟德斯鸠

在浩瀚的人类优秀思想的宝库里，有一个人是我们永远不能忘却的。他的思想惊天动地，具有划时代的意义，他一生干过很多职业，担任过不同的职位，也获得过很多荣誉，但是他最重要的贡献就是将自己独特的思想用文字记录下来，然后广为流传，让更多的人受到他的鼓励与熏陶，他就是夏尔·德·塞孔达·孟德斯鸠，一个认为“思想高于一切”的人。

夏尔·路易·德·塞孔达，拉布雷德暨孟德斯鸠（Charles Louis de Secondat, Baron de Montesquieu，1689—1755），法国启蒙时期思想家，社会学家，西方国家学说和法学理论的奠基人。出生于法国波尔多城附近一个贵族家庭。青少年时期在教会学校读书。1705 年，毕业于朱伊公学，顺利进入波尔多大学攻读法律专业。1708 年 7 月获得了法学学士学位。以后曾任律师、波尔多法院参事、波尔多法院庭长、波尔多议会议长，先后当选为波尔多科学院院士、法国科学院院士、英国皇家学会会员、柏林皇家科学院院士。孟德斯鸠是一位百科全书式的学者。他最重要的著作是《论法的精神》，奠定了现代国家和法的学说的基础。孟德斯鸠明确提出了“三权分立”学说，特别强调法的功能，认为法律是理性的体现，并指出法分为自然法和人为法两类。孟德斯鸠提倡自由和平等，但强调自由的实现要受法律的制约。孟德斯鸠的社会政治理论尤其是关于分权和法制的学说，对西方现代政治制度的形成产生了相当巨大而又深刻的影响，对中国也产生了相当大的影响。

01 人生而平等吗？

1689 年 1 月 18 日，又是一个雨夜。一道惊雷闪过，法国波尔多南郊古老的拉布雷德城堡里突然传来一阵婴儿啼哭的声音。这个孩子就是本文的主人公——孟德斯鸠。

拉布雷德城堡始建于 1306 年，1951 年起被法国列为国家历史遗产。城堡建筑在一片约 150 公顷的树林里，林中有橡树、鹅耳枥、洋槐、板栗，野鹿、野鸡等动物时常可见。这个城堡带有与传统堡垒不同的多边形围墙，宽阔的护城河中养着大批鲤鱼，曾经有 3 座吊桥连接外界，如今已经改成一道固定的木桥。

拉布雷德城堡曾经先后为拉兰德家族、历斯勒家族及佩斯内尔家族所有。1686 年，雅克·德·塞孔达与玛丽 – 弗兰索瓦·德·佩斯内尔结婚，这对新婚夫妇，就是孟德斯鸠的父母，拉布雷德城堡则作为嫁妆成了塞孔达家族的产业。

塞孔达家族是一个显赫的家族，其先祖既是纳瓦尔王国的宫廷总管，又是法国国王亨利四世的宫廷总管，因为亨利四世就是原来的纳瓦尔国王亨利三世。塞孔达先人能跟随主人从纳瓦尔王宫进入法国王宫，并继续当宫廷总管，表明了亨利对他的高度信任。亨利的母亲为了奖励让·塞孔达“优秀而忠诚的服务”，将孟德斯鸠地区的领地赐给了他。1606年2月，已登上法国王位的亨利四世将孟德斯鸠地区升格为男爵领地，并赐予让的儿子雅各布，也就是孟德斯鸠的曾祖父。今天的孟德斯鸠镇占地2554公顷（25.54平方千米），是法国最大的市镇之一，比拉布雷德城堡的占地面积要大得多。根据历史学家埃米尔·德·佩尔斯瓦尔在当地档案中发现的一份历史文献记载，1561年，纳瓦尔女王赐给了让·德·塞孔达7处农庄和领地，孟德斯鸠地区只是其中的一处。孟德斯鸠的原名本来只是夏尔·德·塞孔达，后来由于继承了伯父的孟德斯鸠男爵封号，才在原名之后加上了孟德斯鸠这个名字。

优越的家庭条件，让孟德斯鸠从小锦衣玉食，无忧无虑，享受优秀的教育资源，还有机会见到各种各样的大场面，见到各种各样的大人物。这种经历及其所带来的视野和见识，对孟德斯鸠日后的成就显然是有帮助的。

另一方面，贵族和官僚世家子弟的身份，也让小孟德斯鸠没有平民家孩子的童年生活。他不能跟平民百姓的孩子玩耍，别的孩子玩耍的时候他在学习，他仿佛是个小大人，家人把他培养得绅士范儿十足。所以孟德斯鸠虽然整天锦衣玉食，但并没有因此感到快乐。特别是时时跟在他身边的那些佣人和随从，他感到他们就像枷锁一般，让他很不自在。

一天饭后，小孟德斯鸠不经意间跑到了自己家的后花园，花园里花儿开得正美，香气萦绕。忽然，孟德斯鸠看到了一个满脸是灰、衣衫褴褛，年龄却和他差不多的小男孩儿在花丛中摘花。“这是谁啊？怎么看起来如此可怜？”由于终日被闷在家里，小孟德斯鸠出于好奇便走向那个小男孩儿。

“你是谁？以前怎么没有见过你？”孟德斯鸠问。

“我，我是看这花园的花开得这么漂亮，想摘一朵回去送给我母亲。”小男孩儿怯懦地说。

“你怎么穿成这样？脏兮兮的，你母亲都不照顾你，不给你买新衣服吗？”

“不是的，我母亲很爱我的，只是……只是自从父亲死后，我们日子过得很辛苦，每天能吃饱就不错了，哪有钱买衣服。”小男孩儿低下了头，伤心地说。

“这样啊，你也不要伤心了，我这儿有苹果，你吃吗？”孟德斯鸠拿出兜里的苹果。

小男孩显然是饿了，咽了咽口水，盯着苹果。

“吃吧，我家好多呢。”孟德斯鸠笑着。

就这样，在午后的阳光下，两个小孩子聊起天来。在这一刻，孟德斯鸠仿佛才感受到了什么是朋友，什么是生活的乐趣，才感受到了真真切切的生活。

突然，城堡的守卫发现了这个灰头土脸像乞丐的小孩子，就走过来准备把他赶走。当他们发现小孩子正在与家里的小主人边说话边吃着小主人给的东西，便对他拳打脚踢。与此同时，小孟德斯鸠的佣人和随从也紧随其后赶到，不由分说把他带了回去。孟德斯鸠回头望着正在挨打的还不知道名字的玩伴，心里难过的滋味无法言说。他只是觉得他很可怜，虽然年龄小，但是此时的孟德斯鸠已经开始体悟到这个社会存在的问题了。

孟德斯鸠看到这样不公正的场面痛心不已。随着年龄的逐渐增长，他发现这种情况在自己生活的地方几乎比比皆是。现实生活中的很多阴暗面让这个本就心思细腻且善于思考的小少年迅速地成熟起来。此时，他内心的一些想法开始萌发，其中最原始也是最重要的一个想法就是：他希望这个世界可以人人平等。他又想到，主张人人平等的人肯定很多，但是为什么这个世界依然还是存在着很多的不公正呢？

后来，孟德斯鸠亲自前去拜访那个被自己家的人欺负的小男孩，并对这个小男孩当面表示道歉：“真的是对不起，我把你当作我最亲密的朋友来看待，可是很明显我的家人都不懂得尊重别人，希望你不要介意，我替他们表示抱歉。”

被欺负的这个小男孩很大度，他微笑地回应道：“你不用道歉，我能感受到你是真心把我当朋友，而且没有半点虚假。我也是这样，但是那天我把这件事告诉给我的父母，他们都告诫我不要再去找你，因为你是贵族，而我们是平民，我们不是一个世界的人。”

孟德斯鸠听到这里，严肃认真地对他反驳道：“你千万别这样想，我知道现在咱们生活的地方存在着这样不公平的事情，但是既然我们都有生命，都能够思考，那么我们就都是平等的，我们是属于同一个世界上的人。”

小男孩还是微笑着，他很高兴自己的这个贵族朋友能够这么想。他接着说道：“我也认为如此，出身是不能选择的，但是思想却是我们自己的，人都是自由的，也都是平等的，所以我希望还可以和你做朋友，你能够答应我吗？”

听到小男孩的这番话以后，孟德斯鸠高兴地伸出自己的手对他说道：“当然愿意了，我们要做一辈子的好朋友，让那些不公正的话随风飘散吧。只要我们足够努力，就一定能够打破这样的说法，让人们都意识到自己现在的错误。”

孟德斯鸠很高兴自己能够挽回一个好朋友，拯救了一段差点被世俗偏见所粉碎的友情。从那之后，他们经常在一起玩耍，小男孩也是一个聪明好学的好孩子，他们在一起玩耍，也经常在一起阅读书籍，分享各自的心得。孟德斯鸠在这个朋友身上学到了很多自己以前从未接触到的知识，两人在一起度过了很快乐的时光。这让孟德斯鸠更加庆幸自己幸亏没有听从家人的劝阻。但是与此同时，家人还是经常告诉孟德斯鸠不要再去找那个小男孩儿玩，因为他们不是同一个世界的人。这让孟德斯鸠很是苦恼，但是他又认识到这样的现状并非凭一己之力就能改变，他开始更加努力地学习，希望能从书籍中找到一些解决方法，这便是孟德斯鸠最初的梦想。他这一生，无论经历了怎样的工作和职位，内心永远都铭记着自己儿时许下的诺言。

长大之后的孟德斯鸠回顾自己年幼的这段往事，他总是津津乐道地告诉别人，正是这个小男孩儿的出现让他开始走上探索人类思想的道路。孟德斯鸠怎么也不会忘记那个小男孩被自己家人刁难、轻蔑时，自己内心的痛苦，他更能意识到自己的这个朋友内心更加痛苦。痛定思痛，孟德斯鸠将痛苦转化成思想的力量，一颗探索人类终极命运的新星正在冉冉升起。后来，孟德斯鸠写下了一段名言：

人生而平等，根本没有高低贵贱之分。我们没有权利假借后天的给予对别人颐指气使，也没有理由为后天的际遇而自怨自艾。在人之上，要视别人为人；在人之下，要视自己为人。

这段名言所体现的思想，在人类文化的长河中一直绽放着耀眼的光芒，虽然与现实生活总是有那么大的差距，但也仍像一面鲜明的旗帜，鼓舞着那些有着“人人平等”想法的人们朝着这个方向努力前进。

02 “应该追求知识和美德”

孟德斯鸠虽然出身贵族，但他自己从不因此得意忘形，在他看来，只有在品德和知识上得到进步，才是真正值得庆贺的。他曾这样说：“人不能像走兽那样活着，应该追求知识和美德。”他还指出：“支配和统治一切的，在君主政府中是法律的力量，在专制政府中是永远高举着的君主的铁拳，但是在一个人民的国家中还要有一种推动的枢纽，这就是美德。”

孟德斯鸠7岁那年，母亲去世了，少年孟德斯鸠非常伤心。在他的印象中，母亲非常温柔善良，自己遇到想不通的事就去找母亲倾诉，她总能够找到他心里的那个痛点点化纾解。

他站在窗外对着天空大声呼喊母亲，回想母亲的点点滴滴。

在一段时期内，少年孟德斯鸠沉浸在失去母亲的悲痛中无法自拔。父亲来到他的房间，双手放在少年瘦弱的肩膀上，说道：“亲爱的孩子，你还在为自己母亲的离开而难过吗？你的母亲现在看到你这个样子，她会开心吗？人生还是要继续，你不是一直努力要成为一个有思想的人吗？你母亲在世时对我说过，她相信你一定能够实现自己的理想。”父亲的话让孟德斯鸠开始觉悟，他意识到自己必须马上放下悲伤，重新拥抱生活，这才是母亲最想看到的。“有一天我会把梦想都变成现实，那个时候，我的母亲就会为我骄傲。”于是，他继续为实现自己的梦想而刻苦求学，每一天他都能感受到自己思想的进步，母亲去世留给他的悲伤，也渐渐地消失。后来，他深有感慨地说：“读书对于我来说是驱散生活中的不愉快的最好手段。没有一种苦恼是读书所不能驱散的。”

时间转眼来到了1700年，已经11岁的孟德斯鸠离开了自己的家乡，在父亲的安排下，来到了巴黎附近的一所由奥拉托利修会创办的朱伊公学学习。

朱伊公学是一所寄宿的贵族学校，收费极其昂贵，学生绝大多数是巴黎周边的贵族与富人的子弟。孟德斯鸠的家乡拉布雷德距巴黎约600千米，在当时要坐好几天马车才能到达。拉布雷德当时还是一个只有约1300人的乡村，孟德斯鸠虽然出身富贵，但实际上也是一个乡下孩子，操一口加斯科尼方言，而且终生未改乡音。后来，他在《波斯人信札》中写到，他的南方口音遭到贵族学校的学生嘲笑，但“想改也难”。因此，孟德斯鸠在那里生活得并不愉快。

创办朱伊公学的奥拉托利修会是一个相当保守的教派，修道会的使命，是要恢复早期教会田园牧歌般的简朴，被人称为“在街道上用化缘钵体现的基督教”。因此，这所学校纪律严明，但对知识，特别是新知识的学习则重视不够。对此，孟德斯鸠后来写道：“公学的教育质量低劣……学生们在这些学校里的最大收获，无非只是懂得了要虔诚再虔诚。年轻人无日不被告知，要事无巨细地告发自己的同学，对他们背信弃义。这种做法虽然使学校外表上显得治理有方，实际上却败坏了每个学生的心灵。”

孟德斯鸠继续通过读书来“驱散生活中的不愉快”。在朱伊公学，少年孟德斯鸠从《哲学原理》的法译本中汲取了丰富的营养。后来，他在《波斯人信札》中写道：“此间有些哲学家，老实说，并未达到东方贤智的顶巅；他们并不曾一直升腾到光明的宝座；他们不曾听见响彻在天使的仙乐中的无法表达的言辞，也不曾感觉上天可怕的震怒；但是，在无人理睬和缺乏神圣妙迹的情形下，在寂静中，他们跟随了人类理智前进。”

1705 年，孟德斯鸠以优异的成绩毕业于朱伊公学，顺利进入波尔多大学攻读法律专业。

波尔多大学创办于公元 1441 年，当时开设有五大专业：神学、宗教法学、民法、医学和艺术，今天演变成为一个共有 19 个机构成员的大学联盟，孟德斯鸠就读的法律系，今天成为孟德斯鸠 – 波尔多第四大学。孟德斯鸠就读时，波尔多大学法律系设在一座陈旧的建筑中，仅有 200 平方米左右的面积，在校学生不到 80 人，教授也只有 4 位。孟德斯鸠回忆说，当时的大门正朝向鲍特巴斯街，门楣上装饰着波尔多城的徽章。进门穿过院子，便来到常年开着五扇窗户的大教室。

条件虽然简陋，但孟德斯鸠就读时，正是法国重视法学教育的时代。当时的课程安排得很紧密，上午 8 点至 11 点为一堂课，下午 1 点至 4 点半为第二堂课。两位教授轮流讲授查士丁尼《法学总论》中的前 3 卷，另外两位教授讲授世俗法，指明各类法律的发展和演变。经历 3 年寒暑，成绩优异的孟德斯鸠于 1708 年 7 月获得了学士学位。

毕业后，孟德斯鸠到伯父任庭长的波尔多高级法院担任律师。

1715 年，孟德斯鸠迎娶珍妮为妻。珍妮是个新教徒，很漂亮，也很爱孟德斯鸠。他们是一对幸福的伴侣，后来育有 3 个子女。孟德斯鸠从自己妻子和孩子身上，重新发现很多有价值的东西。

1716年，孟德斯鸠在法院工作受到很多人的赞赏与推荐，他顺理成章地接过了伯父手上的法槌，坐上了波尔多法院庭长的位置。

孟德斯鸠生活的时代是一个风起云涌的时代。英国在1688年光荣革命之后确立了一种根本不同于旧制度的新制度——采用君主立宪制的资产阶级民主政治制度。法国路易十四1715年去世，5岁的路易十五接替王位。这些变革对孟德斯鸠有很大的影响。因此，孟德斯鸠广泛涉猎各种专业知识，了解学术前沿，并开始撰写论文发表文章。令孟德斯鸠一鸣惊人的是他于1721年化名“波尔·马多”发表的那篇《波斯人信札》，这是孟德斯鸠的书信式的小说。主人公郁斯贝克是波斯的开明贵族，在旅游法国期间，不断与友人通讯，报道他在巴黎的种种见闻，讨论政治、经济、宗教等社会问题。作品触及法国18世纪初贵族社会生活的各个方面，揭示了绝对君主制从盛极一时到迅速没落崩溃的过程，批判了当时的封建分配制度、法权观念和统治阶级的内外政策。此文一出即轰动全法国。此后，孟德斯鸠的学术成果和学术地位接踵而来。1718和1725年，他两次被选为波尔多科学院院长，1726年他被选为法兰西科学院院士。

就在孟德斯鸠平步青云之际，他做出一个出人意料的决定：辞去职务外出游学。1727 年底，孟德斯鸠踏上周游欧洲列国的路途。

03 举起“三权分立”的大旗

在 1721 年出版的《波斯人信札》中，孟德斯鸠通过以波斯人郁斯贝克和黎加游历法国的形式，记录了他所见识到的形形色色的人，描述了法国社会的众生态。荒淫无道的传教士、会夸海口的沙龙绅士、傲慢无知的名门望族、官僚主义的政客，穿针引线的荡妇充斥法国社会。让他认识了路易十四统治下的法国官场腐败，民不聊生，饥不果腹，人民生活苦不堪言。

周游列国使他对社会的了解更加真切，看问题站位更高，更具宏观眼界，思想更加成熟，所关注的问题更加切中社会时弊。

在漫游欧洲期间，他用两年时间对英国社会及其政治制度做了深入考察，并当选了英国皇家学会会员。1731 年，他结束欧洲游历回到法国。几年游学的所见所闻让他的思想进一步解放、脑洞大开，迫切地希望自己能够坐下来，将自己的所想所得尽快表达出来。

经过几年的潜心著述，孟德斯鸠于1734年发表了著名的《罗马盛衰原因论》，通过历史材料考证阐明自己的政治主张。孟德斯鸠认为，罗马的繁华是因为它实行了与法国专制制度不同的共和制度，统治者贤明，社会制度规范有序，军队精良，法律严谨，每个人都有良好的道德品质以及一颗爱国的心，人人都能恪尽职守，严格遵守法律。罗马后期的衰败则是因为执政者荒淫无道，君主专制和对外扩张，官逼民反，法律一纸空文，社会制度毁坏，民风道德消失，社会处于无政府状态。孟德斯鸠剖析了共和制度的优越性，抨击了法国封建专制制度的暴政，对全世界范围即将发生的资本主义革命提供了思想解放的头脑洗礼。

孟德斯鸠作为思想家最著名的莫过于他提出的“三权分立”学说了，而这个理论的出处就是《论法的精神》。孟德斯鸠的思想、才情与辛苦付出，成就了这本伟大的著作，这本书也是后来人们研究孟德斯鸠的思想最直接、最重要的著作。

孟德斯鸠所处的18世纪的法国，正如欧洲大陆的众多国家一样，实行的依然是封建专制的社会制度，而且还是一个农民占全国人口95%的农业国家。国家的土地绝大部分被掌握在以国王为首的贵族和官僚手中。于是便出现了大多数农民耕种地主的土地，他们辛勤工作却获得的很少，农民生活极度困苦。法国从 16 世纪开始的包税制和国债制度使法国的金融家们一夜暴富，成为社会最富有的阶级。但是自从路易十六上台后，为了缓解财政危机，他动用各方势力和手段从资本家手里剥削金钱,这一做法彻底激怒了这些大资本家，所以大资本家们走上了反对封建专制的道路。另一方面在工业发展中，由于封建制度的存在，手工业作坊始终无法过渡到手工工场，法国工业的发展和科学技术的进步步履蹒跚。在社会封建制度的无情剥削和压迫下，使法国新兴的资本主义与旧的封建生产关系处于尖锐的矛盾之中。

1748 年，孟德斯鸠的惊世之作《论法的精神》发表了。这是他整个生涯中影响最大也是最重要的一本著作，无论对他个人抑或是对整个世界都有着极为重要的意义。相比起之前的抨击封建主义不同，这是一部综合性的政治学著作。针对天主教对人们的毒害，孟德斯鸠在这部著作里反对神学，提倡科学。他最重要的贡献还是对资产阶级国家制度构建和法学的贡献。他明确提出了“三权分立”学说，特意强调了法分为自然法和人为法两类。自然法是在人类社会前便已存在的，而人为法又分为政治和民法两种。何谓“三权分立”学说？三权分立是主张把国家的权力分为三部分，让议会、国王和法院分别享有立法、行政和司法权。这样做的目的是限制王权专制，以防国王暴政。三种权力相互分开，相互制衡，互相牵制，从而达到平衡状态。《论法的精神》就是在社会矛盾极其尖锐的情况下，孟德斯鸠为资本主义社会制度的建立所开的药方。他的思想是资产阶级革命行动的先驱。《论法的精神》成为此后资产阶级大革命的政治纲领，它倡导法制、政治自由和权力分立，抨击神学和封建专制。这本书第一次提出的分权与制衡理论，对近代以来的资产阶级政治实践和政治思想都产生了直接而深远的影响。孟德斯鸠集中讨论的是法的精神，他把法律置于决定地位。他认为只有让权力制约权力，才能防止权力滥用，保障人民的自由权利。这可以说是孟德斯鸠对政治理论最杰出的贡献。

1755 年，孟德斯鸠在旅途中患病逝世，享年 66 岁。在他去世之后的葬礼上，很多他的追随者，自发地从世界各地赶来祭奠。他们为这个世界失去了一位伟大的思想家而黯然神伤，他们在内心告诉自己，要学习孟德斯鸠的伟大思想，并且继承他的伟大意志，相信通过一代又一代人的不懈努力，这个世界的明天终将会变得更加美好。

04 “哲人酿酒师”

孟德斯鸠还被人誉为“哲人酿酒师”，因为他极为重视自己葡萄酒庄的经营和葡萄酒的酿造与销售。一位孟德斯鸠的传记作者写道，“他真的非常喜欢酒，并为之乐此不疲地工作着。”他家酿制的葡萄酒不仅在法国流行，还远销英国、荷兰、北欧各国和法国海外殖民地。在与各国上流社会的人士交流时，孟德斯鸠和他们谈得最多的往往不是什么学问，而是酒。孟德斯鸠后来说：“我的酒在英国为我赚的钱一直比我的书（《论法的精神》）为我赚的钱多。”“我不知道是我的酒增加了书的名气，还是书增加了酒的名气。”

今天，由孟德斯鸠父亲始创于1686年并由孟德斯鸠发扬光大的孟德斯鸠酒业集团仍是波尔多地区最大的土地拥有者，波尔多则是法国最大的AOC（法国葡萄酒最高级别）葡萄酒产区。从2010年9月起，中国已成为波尔多葡萄酒最大的进口国。

2011年，孟德斯鸠酒业集团在中国成立全资子公司孟德斯鸠酒业（北京）有限公司，经销孟德斯鸠先哲之光干红葡萄酒、孟德斯鸠 1686 干红葡萄酒等名酒。

2014 年，孟德斯鸠酒业集团（MVD）来到中国举行巡回品鉴展览活动。现任孟德斯鸠男爵亲临北京、大连等品鉴现场，为来宾讲解孟德斯鸠和孟德斯鸠葡萄酒。他介绍说，孟德斯鸠在 24 岁时便接手了父亲的葡萄酒事业，当年孟德斯鸠周游欧洲列国，向各国君主推广他的君主立宪和三权分立思想的同时，也向他们推广家族的葡萄酒，很快就受到这些国家的贵族和上流社会的推崇。

2015 年，法国孟德斯鸠酒业集团董事长贝斯登在北京和苑和平节上正式宣布，与中国世界和平基金会共同创立“孟德斯鸠教育基金”，用于改善中国贫困地区孩子的教育。孟德斯鸠酒业（中国）有限公司将每年拿出其销售额的 3% 捐赠给孟德斯鸠教育基金,帮助中国贫困家庭的儿童接受教育。

如果孟德斯鸠泉下有知，面对今天的中国人，他也会说：“我不知道是我的酒增加了书的名气，还是书增加了酒的名气。”

我们希望中国人能够好好地品尝的不仅是孟德斯鸠的酒，更是孟德斯鸠的思想。

孟德斯鸠留下的精神财富对世界范围内的资产阶级革命运动曾产生过巨大而深刻的影响。他的理论被欧美资产阶级革命家作为最锋利的武器去攻击封建暴政，尤其是分权和法制直接被英国的君主立宪以及美国建国的独立宣言所采纳。在北美的英国殖民地，孟德斯鸠被认为是自由思想的象征。在独立战争前的美国，孟德斯鸠是政府和政治中最常被引用的权威，美国的创始人比任何人都更多地引用了孟德斯鸠的学说理论。在独立战争之后，孟德斯鸠的著作对许多美国开国领袖，特别是“宪法之父”詹姆斯·麦迪逊，有着强大的影响力。孟德斯鸠曾提醒麦迪逊和其他人，需要明确界定和平衡权力，这样可以为他们新的国家政府（美国）建立自由和稳定的基础。孟德斯鸠为了新兴资产阶级革命而呐喊和奋斗，并为此奉献了终生。他虽然没有走上过战场，但却用自己的伟大思想和杰出才华奉献出了伟大的作品作为革命的武器，强烈抨击了腐朽落后的封建专制和宗教僧侣。孟德斯鸠的一生是学者的一生,终其一生探索着各个领域的科学问题，为人类留下了不可估量的宝贵财富。

孟德斯鸠虽然出身贵族官僚家庭，却是法国首位公开批评封建统治的思想家。不可否认，他的思想观点与价值取向也常有矛盾之处。他一方面抨击封建专制的丑陋黑暗，另一方面却又向它妥协，提出君主立宪；一方面同宗教进行斗争，另一方面却坚持自然神论观点。由于孟德斯鸠思想明显的两重性，所以直到孟德斯鸠逝世以后，他的思想也一直被不同的社会阶级争论不休。

斯人已逝，思想永存。孟德斯鸠的很多思想，依旧被运用在世界上不同的国家，被很多人学习并且发扬光大。它们是孟德斯鸠传奇一生、奋斗一生的精神成就和制度化身。中国最早翻译孟德斯鸠作品的是严复，中译本名为《法意》。中文版的《论法的精神》对我国资产阶级启蒙运动有重大影响。中国法学院的学子们也将此书作为必读资料。

思想高于一切，这是孟德斯鸠的信念，也是他备受人们尊崇的最主要原因。让我们记住孟德斯鸠的名言：

“一切有权力的人都容易滥用权力，这是万古不易的一条经验。有权力的人们使用权力一直到遇有界限的地方才休止。”

"It is an eternal experience that every man who holds some power is inclined to abuse it. He carries it to the point at which he finds limits" .

Chapter 06

“自由的奠基人”

——让－雅克·卢梭

雅克·卢梭

1899年7月，近代中国著名思想家、宣传家梁启超说：“欧洲近世医国之国手，不下数十家，吾视其方最适于今日之中国者，其惟卢梭先生之民约论乎？”

卢梭是谁？他的学说为什么被梁启超认为是“最适于今日之中国”的学说呢？

让－雅克·卢梭（Jean-Jacques Rousseau，1712—1778），法国近代伟大的思想家、教育家、哲学家、文学家。18世纪启蒙运动的卓越代表之一。卢梭出生于现今瑞士日内瓦一个钟表匠的家庭，从小孤苦伶仃，快年满16岁时，只身离开日内瓦，长年在外做临时工，到处谋生，漂泊四方。1750年，卢梭在接近40岁时参加第戎科学院的一次有奖征文活动，题目是《论科学与艺术的复兴是否有助于使风俗日趋纯朴》，卢梭的论文获得头等奖，顿时成为一代名人。随后他开始著述生涯，写下许多具有重大社会影响的著作，代表作有：《论不平等的起源》（1755）、《埃罗伊兹的故事》（1761）、《爱弥儿》（1762）、《社会契约论》（1762）和《忏悔录》（1767—1770）。此外卢梭对音乐有浓厚的兴趣，写了两部歌剧：《爱情之歌》和《村里的预言家》。他也是现代教育理论的开创者之一，浪漫主义文学的开创者，还是简谱的发明人。

卢梭被誉为“民主主义的缔造者”，他的《社会契约论》

是法国大革命的政治纲领，被称为“革命的圣经”。1791 年 12 月 21 日，法国国民公会投票通过决议，为大革命的象征卢梭树立雕像，以金字题词——“自由的奠基人”。歌德评价说：“伏尔泰结束了一个旧时代，而卢梭开创了一个新时代。”

01
在雨中奔跑的男孩

1712 年 6 月 28 日，“嘀嗒……嘀嗒……”当日内瓦一个钟表匠家庭中的钟表正好敲了 12 下时，小卢梭来到这个世界上。小卢梭的到来，无疑又给家里增添了一份欢乐。卢梭有个哥哥，非常的叛逆，总是喜欢和家里人作对。小卢梭刚出生的时候，他的哥哥就不知道去向，并且已经好几天杳无音信。家里人十分着急，但也无可奈何。

妈妈看着卢梭，脸上露出了幸福的笑容。卢梭的妈妈是一个牧师的女儿，从小受到了良好的教育，非常的知书达礼。卢梭的爸爸，是瑞士一名钟表匠。他制作出来的手表，非常精细，质量很好。这个家，原本还算富裕和幸福。

小卢梭出生后，家里就又多了一个孩子，自然而然也就多了一份生活的压力。在小卢梭刚刚出生不久，妈妈就让爸爸赶快出去工作。卢梭生下来第8天，妈妈正躺在床上照顾小卢梭，突然下起了大暴雨。她忽然想起来，还有几件衣服晒在外边。想到这，她连雨伞都没顾得上拿，就冲出了门外。雨哗哗地倾泻而下，闪电在空中狂舞，雷声在空中肆意轰鸣。

妈妈赶紧把衣服拿了进来，虽然只有短短的几分钟时间，但是，她浑身都被淋湿。她赶紧换上了干净的衣服，躺在床上。等到爸爸回来后，却发现妻子一直发着高烧。他去叫了医生，可是身体仍然没有任何好转的迹象。到第三天的时候，医生默默地叹息，摇摇头对卢梭的父亲说：“夫人刚生孩子没有多久，再加上淋雨，可能熬不过今晚……”卢梭的爸爸听到医生的话，他带着哭腔求医生，一定要救救孩子的妈妈！她还那么年轻！孩子才10天而已！可是，一切都是徒劳的。医生摇了摇头，离开了。也正是在那一晚，卢梭的妈妈永远闭上了那双慈爱的眼睛。爸爸伤心欲绝，好几天都瘫躺在床上，他变得心灰意冷，头发乱糟糟的，原先总是闪着幸福和斗志的眼睛，此刻也变得黯淡无光。这个时候，小卢梭都是由孩子的姑妈，也就是父亲的姐姐照顾的。姑妈看到她的弟弟这副模样，心疼地对他说：“无论如何，你都要坚强地活下去，因为，孩子需要你。”对，还有孩子，妻子经历巨大的疼痛才生下来的两个孩子。自己不能就这样颓废下去，要让孩子好好活着。卢梭爸爸想着，咬咬牙，重新收拾好心情，继续专心地当一名钟表匠。

渐渐地，小卢梭开始学会了说话，走路。当他第一次从嘴里说出“爸爸”时，爸爸幸福地在外面跑了两大圈。而卢梭的哥哥，却在一个晚上，离开了这个家，从此，再也没有了他的消息……

原本幸福的家庭，因为妈妈和哥哥的离开变得破碎不堪。家里的经济条件也大不如以前，甚至，小卢梭上学的学费都支付不起了。于是，爸爸便送他去给一个公证员当学徒。可是，这个公证员总是让小卢梭跑来跑去，当苦杂役使唤。有一次，公证员有一份文件落在朋友家里。朋友家离他工作的地方起码有 5000 米，他让卢梭去帮他取回来。小卢梭含着眼泪答应了，可他并没有给小卢梭一分钱。这么远的距离，小卢梭只能自己跑着去。等他满头是汗地跑到公证员朋友家时，他正好出去了。小卢梭一下子瘫坐在地上，伤心地哭了起来。他不知道该如何去交差。

当他哭着往回走时，一个好心人走过来问他，看他实在是太可怜，就领他吃了顿饭。小卢梭饿极了，一气儿吃了 5 个面包。那位先生又给了他几枚硬币，让他坐车回去。小卢梭感激地坐上马车，回到了公证员家里。公证员见小卢梭什么也没拿回来，对他又打又骂。小卢梭委屈地强忍泪水，他使劲咬了这个打他的人一口，愤怒地跑开了。

小卢梭回到家里，只和爸爸说了他再也不想去了，却没告诉爸爸原因。爸爸看着他说：“你不想去就不去了，咱们还可以学别的。”

吃过晚饭，是两人最快乐的阅读时刻。父子俩把家里的书拿出来，一起读。他们喜欢分角色朗读书中的内容，读到动情的地方，还激动得手舞足蹈。

一次，小卢梭爸爸正在睡觉，隐约听见小卢梭在那里嘀嘀咕咕地说话。爸爸摸索着起来却发现，小卢梭仍然在那里读书。已经是凌晨4点了。爸爸轻轻地走到卢梭身边说:“孩子，快去休息吧！这样你会累坏的。”小卢梭抬起头，眼睛格外明亮，一点困意也没有。他兴奋地说：“爸爸，书里面的世界太精彩了。有各种各样的人，各种各样的美食！”听到这里，爸爸竟然也和小卢梭滔滔不绝地交谈起来。他们交谈关于书里的世界，书中有趣的故事，直到天亮。

好读书的卢梭，很快就把家里的书都读完了。他开始四处借书。借来的书，小卢梭读得更快，看到精彩的地方还会抄下来。10岁的小卢梭记下的读书笔记就有几十本了。周围邻居的书也被他借光了，他就跑到更远的地方去借。卢梭7岁时，就读过如勒苏厄尔著的《教会与帝国历史》、包许埃的《世界通史讲话》、普鲁塔的《名人传》、那尼的《威尼斯历史》及莫里哀的几部剧本。

不久，卢梭又开始当学徒了，这次学的是镂刻。他喜欢学这个工艺，自己甚至还能刻出骑士勋章呢。一天，他叫来几个小伙伴，说是要给他们颁发奖章。他将自己刻好的勋章发给了他们。不过，师傅却误以为他镂刻了古代罗马时期的钱币，非常生气，把卢梭狠狠地揍了一顿，赶了出来。他又没事干了。

回到家里，他发现爸爸心事重重，一向穿着整齐的老爸，身上的衣服被撕破了，胳膊上还有一道道血痕。“怎么啦？”卢梭担心地问。爸爸告诉卢梭，他和一个在日内瓦共和国的“小议会”做事的戈迪耶发生了争执。这个人仗着自己的职权到处找别人的麻烦。这一天，卢梭的父亲在那认真修理一只很昂贵的手表。他很认真地修理得完好如新。这个时候，手表的主人戈迪耶晃晃悠悠地走过来了。他是一个喜欢找茬儿的人。他拿起手表，仔细端详，故意把手表旁边的按钮使劲一掰，按钮掉了下来。于是他污蔑卢梭爸爸说，这个手表是爸爸给弄坏的，要赔一个新的给他。卢梭爸爸气愤至极，他修了一辈子表，还没碰上过这种人这样侮辱过自己！他把手表抢过来，摔在地上又用脚把它踩得稀烂。那人拧住卢梭爸爸，打了起来。最终两人闹上了法庭。法院要缉拿卢梭爸爸，于是他匆忙逃离了日内瓦。由于时间紧迫，他没有带走卢梭。

或许他觉得，如果卢梭跟着他，日子只会过得更惨。卢梭从此成了无依无靠的孤儿。

02 浪荡才子与佳人

1728 年，快年满 16 岁的卢梭，只身离开日内瓦，一个人到处流浪，有时候帮别人打杂，有时候去旅馆打工。3 月 14 日这天，他遇见了黛莱丝·瓦瑟。

黛莱丝是一个旅馆的女仆。那一天，卢梭像往常一样来到旅馆打工。他正在收拾东西的时候，忽然听到了一阵撕心裂肺的哭声。他好奇地走过去，发现在一个角落里，一个满脸横肉的大胖子正在撕一个女孩的衣服。女孩惊吓得嚎啕大哭。那人见有人过来，狠狠地对卢梭说：“你最好离我远点，不要坏我好事。”卢梭怎么能忍受这种事情在自己的眼皮底下发生？他一把拽住那人的头发，把他掀翻在地。那人抱着头在地上嚎叫。卢梭把自己的衣服脱下来给女孩穿上。一问才知道，女孩叫黛莱丝。

黛莱丝今年只有 13 岁，由于家里孩子多，她不得不出来打工。在旅馆里，她总是被打骂。今天，要不是卢梭出手相救，她都不知道该怎么办。

黛莱丝也了解了卢梭的情况。他原本在日内瓦，然而在日内瓦的生活无依无靠，便流浪来到安纳西。于是，经过朋友介绍，他被华伦夫人收养，现在仍然住在华伦夫人家里。

卢梭把黛莱丝送到家安顿好后，回到了华伦夫人家。

华伦夫人出身于一个古老贵族家庭，丈夫华伦是洛桑市人，华伦夫人对这桩婚姻不满，投奔了维克多 – 亚梅德王，在这位国王的庇护下，领着 1500 银币的年薪生活在安纳西，过着优越的贵族生活。1728 年收养卢梭时，华伦夫人 30 多岁，保养得像 18 岁的少女。她有雪白的肌肤、棕色的眼睛、高挺的鼻子，走起路来十分优雅。卢梭看她简直就是天生丽质的女神，在这里，他体味到了华伦夫人对他母亲般的关爱，又初尝了女性的柔情，生活得非常快乐。

在这段特殊的关系中，华伦夫人给予卢梭很大的帮助。华伦夫人非常喜爱音乐，而且歌唱得优美动听。她经常教卢梭唱歌，还教卢梭弹钢琴。卢梭也很聪明，有时一首歌曲，学一两遍就会了。华伦夫人认为他极有天赋，常常在自己家里举行小型舞会，让他和那些音乐家认识。

学习了一段时间后，卢梭开始进行深入的学习研究，他发明了一种用数字来代替音阶的简单方法，这就是今天人们常用的“简谱”。18 世纪中叶之后，又有一批法国的音乐家、医生、数学家等把数字简谱加以整理、完善，这才在民间得到广泛使用。简谱有着简单易学、便于记写等多种优点，这使它有着比五线谱多得多的使用者，对于推动和普及群众性的音乐文化活动起着重要的作用。这种作用，在中国表现得特别突出。

华伦夫人让他去学习，去读书，去旅行，这些，都是卢梭的最爱。他喜欢自由，更喜欢在大自然的怀抱中尽情地奔跑。他来到壮丽的阿尔卑斯山，爬到山顶，站在皑皑白雪之上，感到从未如此的平静。此刻的天，仿佛伸手可及。放眼望去，山腰上的草刚刚发绿，山下的小草已经有一寸高。他兴奋地看着大自然的杰作，同一个地方，因为高度不同，而有不同的景致，这是多么神奇的力量！

这种日子，前后持续了4年。随着卢梭从一个16岁的流浪少年成长为一个英俊而有教养的20岁的青年，他和华伦夫人的特殊关系终于被人发现而且很快便传开了。那天，他像往常一样和华伦夫人一起探讨音乐。他突然发现，以前十分优雅的华伦夫人，此刻却变得非常的暴躁。他不明白其中的原因。后来，在他的百般央求下，华伦夫人终于肯开口了。“也许，今后我再也帮不了你了。”听了这句话，卢梭非常着急。“我们的关系，被我的丈夫发现了，也有很多人指责我。如果我们两个人再这样下去的话，无论是对你还是我，都是没有好处的。”说完，华伦夫人的眼圈就红了。“我去找他理论！”卢梭天真地对华伦夫人说。“你认为，我们这段感情是对的，对吗？”卢梭低下了头。他也不知道，这段感情是对还是错。他也不知道自己对于华伦夫人，究竟是因为爱她，还是因为感激。华伦夫人见卢梭没有说话，很是伤心。但是，理性告诉她，他们之间，必须做个了断了。两人紧紧地抱在了一起，痛哭了一场。然后，卢梭离开了。从此，两人再也没有相见。

离开了华伦夫人，卢梭又无处可去了。突然，他脑海中闪现出黛莱丝的样子，他想，也许可以去找她。一阵纠结过后，他来到黛莱丝家。黛莱丝打开门，看到卢梭非常开心。她没想到，自己心中的英雄就出现在自己的面前。她慌忙把卢梭请到屋里，给他做了一顿热气腾腾的饭菜。卢梭感动得快要哭了。没有任何仪式，没有任何的见证人，他们两人就住在一起，过上了夫妻般的生活。很快，他们有了第一个孩子。可这对于卢梭来说，不是快乐，而是痛苦。他没有能力去抚养这个孩子。“我一想到要把孩子交给一个乱糟糟的家庭去扶养，我就感到害怕。如果把孩子交给他们去教育，那必然会越教越坏。育婴堂的教育，比他们对孩子的危害小得多。这就是我决定把孩子送到育婴堂的理由。”卢梭不得不把孩子给送出去，交给育婴堂来扶养，并且给孩子做了一个标记。

在婴儿的身上，系了一根彩色的丝带。

黛莱丝很痛苦，但是她相信，卢梭做的都是对的。他没能够给自己一个婚礼，但是这些都不重要，只要能够让他陪在自己的身边，就已经心满意足了。黛莱丝为卢梭共生育了5个孩子，全部被卢梭送进了巴黎的育婴堂。直到1768年，56岁的卢梭才和同居了几十年的黛莱丝结了婚，这也可以说是对黛莱丝的默默付出的一个慰藉吧！

03

人类不平等的根源是什么？

各种各样的痛苦与风闻，让卢梭深深感到：人与人之间太不平等了。

这是为什么呢？

怎样才能解决这个问题呢？

1742年，卢梭走在巴黎的大街上。他看到前边的咖啡厅里，有一个人正在拿着一本书津津有味地看着。卢梭想到，这不正是自己前几天看的书吗？他坐在读书人的对面，跟他搭讪：“我觉得这本书不错。书中的民主思想，很值得我们国家借鉴。”

对方听到他的声音，放下手中的书和他交谈起来，两人一见如故，居然聊了整整一个下午。

“您好，我叫雅克·卢梭。”

“您好，我叫德尼·狄德罗。”两人就此成了好朋友，他们以后经常在一起谈天论地，并且在 1749 年的时候，一起参与了《百科全书》的撰写，卢梭主要负责音乐方面的内容，狄德罗则是全书的主编和核心人物。

《百科全书》篇幅巨大，1751—1772 年共出版 28 卷，1776—1780 年又增加补遗及索引 7 卷。参加撰稿的共有 160 余人，他们哲学观点不同，宗教信仰不一，但在狄德罗、伏尔泰、卢梭 3 位主要代表人物的影响下，《百科全书》的主导思想是反对封建特权制度和天主教会，向往合理的社会，认为迷信、成见、愚昧无知是人类的大敌，主张一切制度和观念要在理性的审判庭上受到批判和衡量。他们还推崇机械工艺，推动了科学技术的发展和科学务实精神的产生。百科全书派因而成为启蒙运动一面色彩鲜艳的旗帜，为法国大革命做了舆论准备。

1749 年，《百科全书》尚在征订之中，主编狄德罗就被扣上“思想危险”的罪名，关进了监狱，3 个月后才得以释放。

卢梭经常前往监狱看望狄德罗，给他偷偷地带来一本又一本的书，并继续和他讨论各种各样的问题。两人经常为了一个问题大吵大闹，但当探监的时间到了后，双方便会停止争论，站起来，向对方笑一笑。看守的人员感到很奇怪，都以为他们两人是不正常的神经病。

1752年，他写了歌剧《乡村占卜者》。这部歌剧大获成功，在全国各地多次上演。路易十五看了这部歌剧后，非常欣赏卢梭的才华，想要召见卢梭并且给他一笔钱。虽然金钱对于他来说十分有诱惑力,因为他的生活一直处于贫穷之中，尽管现在稍有起色。然而，当他准备去见路易十五的时候，他却犹豫了。转念一想，也许，此去就可能永远在那里，为国王去写他喜欢的东西,这与自己的性格实在是大相径庭的，于是他拒绝了国王的请求。许多人都为他惋惜，可是在卢梭的眼里,什么都没有自由珍贵。没有自由的人,就像行尸走肉,毫无意义。

1755年，卢梭发表了他的主要代表作之一:《论人类不平等的起源》。

《论人类不平等的起源》指出，人类每向前发展一步，不平等的程度就加深一步，人类的进步史也就是人类的堕落史。在这种历史进程中，私有制的确立是造成人类不平等及其后果的关键环节。这本书认为，人类还存在着自然或生理方面的不平等。这种不平等是不可避免的，但制度的不平等把自然和生理的不平等进一步加深。财富的占有者通过法律和制度把不平等固定下来，处于弱势的被剥夺者习惯了自己依附、安乐的生活，只要保持在一定的限度内，他们没有意愿或能力去打破自己身上的枷锁，所以这种不平等会保持一段比较长的时间。这样，卢梭虽然认为私有制是人类不平等的起源，但他不反对私有制，并认为要通过建立良好的制度来保护人们合法获得的私有财产。

《论人类不平等的起源》阐发了卢梭的政治哲学思想，为《社会契约论》的面世奠定了基础。同时《论人类不平等的起源》也是卢梭整个政治学说的导言。这本书把人们的愤慨情绪引向了对不平等的封建君主专制制度的理性思考，引发了人们对贫苦民众的同情，因而成为法国大革命的灵魂。

04

“卢梭开创了一个新时代”

1756年，卢梭接受了朋友的馈赠——一座乡村的小房子，于是，他便开始隐居，开始了他的创作。他离开了巴黎，那个曾经让他潦倒，也叫他辉煌的城市。

在卢梭看来，那些纷纷扰扰、熙熙攘攘的城市生活，实在是让人劳累，那里的空气总是充满着欲望的味道，充满着铜臭味。如果自己继续待在那种环境中，只会让自己的思想和灵魂显得与这个世界格格不入。可是，自己的力量，毕竟是微不足道的。他要让自己静下心来，来沉淀出自己的力量，然后奔涌而出，来努力让这个黑暗的世界变得明亮。

乡村的生活，总是舒适而又轻松。小屋不大，但是好在温馨。他和黛莱丝生活在一起，体味着家的温暖，尽管此刻，他们仍然为同居关系。他们一起清理房屋上的杂草，把外面重新涂了一层白色，把窗户上的灰尘用抹布擦去，把厚厚的床垫重新铺在床上。早上醒来，总有一缕阳光来将他们唤醒。卢梭在门前种了花和树，一有时间，他就来看望它们。蓝天下，有房子，有花，有树，又有人。就在这样的惬意生活下，卢梭一边替别人抄乐谱，一边创作。

就在他隐居的 6 年中，他写出了许多著名的著作，其中最重要的是 1762 年出版的《社会契约论》（近代中国曾译为《民约论》）。

《社会契约论》认为，人们只是对合法的权威才有义务服从。约定是一切合法权威的基础。社会秩序来源于共同的原始、朴素的约定。主权是公意的运用，不可以转让，不可分割。主权由共同利益决定和约束，藉着法律而行动。法律是以公共利益为依归的公意的行为。立法者的存在是必要的，然而立法者本身并没有权力，他们只是指导者。他们起草和提出法律建议，只有人民自己（或者说主权者、公意）才有权设立法律。政府是主权者的执行人，而非主权者本身。政府中的执政者只是受委托来行使行政权力；他们是主权者的官吏，他们以主权者的名义行使被托付的权力，他们从主权者接受命令，并将命令转达给国民。主权者可以根据自己的意愿限制、改变或收回行政权。凡是不曾为人民所亲自批准的法律，都是无效的。政府行政权的创制不是契约，而是法律。政府的行政官不是人民的主人，他不可以建立契约，而是遵守现有的契约。公意是不可摧毁的，通过投票来表达应该是公民们全体一致的决定，但是在一切问题上，求得全体一致显然是一件不可能的事，因此，多数人的决定同样可以构成公意。一个完美的社会是为人民的“公共意志”所控制的，虽然他没有定义如何达成这个目标，但他建议由公民团体组成的代议机构作为立法者，通过讨论来产生公共意志。

《社会契约论》第一次提出了“天赋人权”和“主权在民”的思想，被誉为“人类解放的第一个呼声，世界大革命的第一个煽动者”，被认为“划分了一个时代”，被称为“革命的圣经”，是世界政治法律学说史上最重要的经典之一，卢梭因此而被誉为“民主主义的缔造者”。

《社会契约论》刚一问世就遭到了封建当局的禁止，但《社会契约论》所提倡的民主理论很快风靡全世界。它引发了震惊世界的法国大革命。法国国家格言“自由、平等、博爱”便来自《社会契约论》。1789年法国国民代表大会通过的《人权宣言》中“社会的目的是为大众谋福利的”“统治权属于人民”等内容充分体现了《社会契约论》的精神。《社会契约论》还对美国的《独立宣言》产生了重要影响，并通过《独立宣言》的发展，进一步解决了“人的权利”“政府权力的来源”“人民和政府的关系”三大核心问题。它阐述的“主权在民”等原则原理，至今仍是西方民主政治法律制度的基石，并成为一种全球性的共识。

卢梭不仅是近代启蒙运动的卓越代表，也是现代教育理论的开创者之一。除了希望建立民主制度外，他希望通过良好的教育来改变人类的不平等。

在《社会契约论》出版的同一年，卢梭出版了《爱弥儿》。《爱弥儿》倡导的以儿童为中心的自然教育思想，引起了教育领域中一次影响深远的革命，他也因此被誉为“教育的哥白尼”。

卢梭认为，在自然状态下，人是善良的，而且也能够按照一定的自然法则成长。因此，教育应该遵循自然，顺应人的自然本性，培养自由成长、身心健康、智力发达、能够自食其力和能够适应社会并承担社会责任的“自然人”。如果强行干涉，剥夺儿童应有的权利，就会使儿童丧失天性，成为身体衰弱、充满偏见和奴性的人。

卢梭力图把他的教育理论建立在生理学和心理学基础上，他通过“爱弥儿”这个形象具体描述了儿童的自然成长过程和各个阶段教育的特点。

0—2 岁为婴儿期。主要是各种感觉的发展，也开始学习语言。这时的教育主要是体育。

2—12 岁为儿童期。主要是形象思维和直觉能力的发展，理智能力尚未形成，处于“理智睡眠期”。教育主要是感觉能力的教育，如参加游戏、绘画、唱歌等活动。

12—15 岁为少年期。有工作能力，有寻求知识的好奇心，但还不能思考纯理论。这时的教育应该以提高智力水平为目标，以参加劳动和各种具体活动为手段，让孩子在自觉自愿及独立的基础上，“像农民那样劳动，像哲学家那样思想”，并在教师的帮助下，学习各种知识。

15—20 岁为青年期。卢梭认为，在青年期之前，人对社会没有什么兴趣。从青年期开始，人成为社会的人，这有如人的第二次新生。这时，人的激情产生，认识在发展，能够理解抽象的概念，对科学和道德均能感兴趣，并能够在社会实践活动中形成善良的情感、正确的判断和坚强的意志，学会正确处理人与社会和人与人之间的关系。

卢梭的探索是初步的，但他把主要注意力从教师转移到学生身上，力求根据青少年的成长规律进行教育，无疑具有开创教育新时代的历史意义。美国现代哲学家、教育家杜威说：“我们现代追求的教育进步，其要点已被卢梭一语道破。他认为教育不是把外面的东西强迫儿童或青年去吸收，而是要使人类与生俱来的能力得以生长。卢梭以后的教育改革家无不注重从这个观念出发，去进行种种的研究。”

卢梭怎么也不会想到，倾尽自己心血的教育学著作《爱弥儿》，居然会给自己带来了灾祸。这本书出版之后，在法国引起轩然大波。一天，有人给他送来一封信，说法院已经决定将《爱弥儿》全部焚毁，并要逮捕卢梭。于是，卢梭开始了新的流浪。他坐上去瑞士的轮船，在瑞士住了一个月之后，他又被要求离开瑞士，万般无奈，他搬到了普鲁士管辖的一个区域。

等到《爱弥儿》风波过去之后，卢梭又回到法国，寄居在一个伯爵的家里。此后，他继续创作，从1767年写出了《忏悔录》等书。

这个时候，卢梭的身体也大不如前，他有明显的心理分裂情况。上一分钟的时候，他可能会非常快乐和温和，下一秒就可能会变得暴怒无常。这个时候，他的生活，又开始变得十分拮据，常常是食不果腹，朝不保夕，他只能依靠别人的救济去生活。身上的衣服，已经破得不能再穿了，可是，他仍然没有足够的钱，去买一件合身的衣服。

1778 年 7 月的一天，卢梭像往常一样出去走一走。由于他的腿在前一年冬天冻伤，走路有些趔趄。当他一瘸一拐地走在路上时，迎面突然跑来一辆大马车，奔跑着的马一下子就把他掀翻在地。卢梭在地上呻吟着，鲜红的血从他的头上流了下来，地上染红了一片。那个坐马车的人，看到卢梭衣衫褴褛，以为撞到了一个乞丐，就往地上扔下了几个硬币，扬长而去。这辆车上载着的一只恶狗，也跑了下来，对卢梭又扑又咬，直到被别人赶跑。

可怜的黛莱丝看丈夫出去很久也没有回来，便出去找。她看见卢梭正躺在地上，周围围了一圈又一圈的人。她走过去，看见是自己正在寻找的丈夫，她把丈夫抱起来，哭得呼天抢地。在别人的帮助下，她把卢梭抬到了家里，她赶忙用自己仅有的积蓄，叫来了医生。医生告诉黛莱丝，卢梭已经没救了……

就这样，卢梭走完了他这波折的一生，他快乐过，悲伤过，辉煌过，也落魄过。而这一切，都随着一抔黄土，掩埋在那漫漫的黄沙之中。

“赢得生前身后名”，说的就是卢梭吧！尽管在他生前，饱受别人的诘难，但是，在他死后，却迎来了一个又一个的荣誉。卢梭最终被安葬在巴黎的先贤祠。1791 年，法国国民公会投票通过决议，为法国大革命的象征卢梭树立雕像，并以金字题词：“自由奠基人”。德国著名作家歌德这样评价说：“伏尔泰结束了一个旧时代，而卢梭开创了一个新时代。”

卢梭给我们留下了很多精神财富。他曾经说，如果世间真有这么一种状态：心灵十分充实和宁静，既不怀恋过去也不奢望将来，放任光阴的流逝而仅仅掌握现在，无匮乏之感也无享受之感，不快乐也不忧愁，既无所求也无所惧，而只感受到自己的存在，处于这种状态的人就可以说自己得到了幸福。当他饱受别人的非议时，不会为别人的语言所左右；当他成功时，不会被眼前的荣耀所迷惑。他用实际行动告诉我们：人的一生，没有谁总是一帆风顺的，当我们面对那些困难与挫折的时候，让我们以一颗平常的心去看待这些所谓的大风大浪。无论如何，明天的太阳都会照样升起。卢梭，你的名字，将会永远照耀着现在的人们，让我们坚强，不断前进。

一茶一路

Chapter 07

“世界三大短篇小说巨匠之一”

——居伊·德·莫泊桑

世界三大短篇
小说巨匠之一
居伊·德·莫泊桑

一次聚会上，莫泊桑和别人侃侃而谈，十分有风度。他穿着整齐的西装，扎上精致的领结，头发梳得整整齐齐，服帖在头上。眉毛浓密，眼睛里散发着清亮而又机敏的光芒。而在这一张脸上，最有特色的，就要数他的大胡子了。这时，有一个法国贵妇傲慢地走到莫泊桑的旁边，盯着他的胡子看了一会儿，然后对他说："你的作品，我看着实在没有什么值得炫耀的地方，不过你这胡子，还算是不错。不过，你留这么大的胡子，是为了什么呢？"莫泊桑淡淡地说："我之所以会留这样的胡子，是为以后我出去的时候，能让那些对文学一无所知的人至少能有一个赞美我的东西。"

莫泊桑的机智和幽默，总是能让人们津津乐道。他的才智，不仅体现在日常生活中，更体现在他的文学作品中。当我们品读他的小说时，会发现，他总是通过平凡而又常见的小事，诉说着一个个仿佛昨天我们才刚刚经历过的事情。而正是在这些我们习以为常的事情里，他却总是能让我们在他淡淡的笔触中，或为之欢笑，或为之悲伤，或沉思，或感动。那么，为什么莫泊桑的小说会有这样的魅力？让我们一起踏着他的脚印，重新回到 19 世纪的法国街道。

居伊·德·莫泊桑（Guy de Maupassant，1850—1893），19 世纪法国批判现实主义作家，世界三大短篇小说巨匠之一（另两人为俄国契诃夫和美国欧·亨利），出生于法国上诺曼府滨海塞纳省的一个没落贵族家庭。从童年时代起，母亲就培养他写诗。莫泊桑 13 岁在卢昂中学学习，20 岁中学毕业后到巴黎大学学习法律，同年入伍，参加普法战争。这一经历成为他日后创作的重要素材。在短短的 40 年光阴中，他创作了大量的小说，其中包括 6 部长篇小说，359 部中篇小说和 3 部游记，堪称法国历史之最。主要代表作有《项链》《羊脂球》《我的叔叔于勒》等。

1891 年，由于疾病的折磨，莫泊桑已不再能够进行写作。1893 年，一个风雨飘摇的夜晚，他看了这个世界最后一眼，在无休止的疲倦后，永远地进入了甜美的梦乡。

01

“我就是我们班的小居绅士！”

1850 年 8 月 5 日，已经怀胎 10 月的洛尔·勒·普瓦特温突然感到身体不适。她知道，自己快要生了。在经过 3 小时的难产之后，莫泊桑出生了。

1851 年，小小的莫泊桑在教堂接受了洗礼。1854 年，他们搬家了，全家定居在塞纳河滨海省格兰维尔一伊莫维尔庄园。然而，母亲和父亲的“世纪大战”，总是在莫泊桑的脑袋中回响：吵骂声，摔东西声，狗吠声……在这个时候，小莫泊桑便跑出来，来到那个自己的乐园——庄园里的一片苹果园。

来到这里，无论多么糟糕的心情，总是会在明媚阳光的照射下，立刻放晴。这里，天总是蓝得通透，天空中总是会飘着淡淡的白云，鸟儿在枝杈上飞。地上，总是有着斑驳的影子，伴着一阵阵的微风，树叶舞蹈，树影婆娑。看到这一切，小莫泊桑也开心地跳了起来。在苹果园的对面，是一片大海，海边总是有拾不完的贝壳。这里的生活，对以后莫泊桑的创作，产生了重要的影响。

1859 年，小小的莫泊桑不得不告别这片快乐的土地，全家离开巴黎前往诺曼底谋生。莫泊桑也来到了拿破仑公学读书。

到达学校的第一天，老师让孩子们写出自己的名字，并一一介绍自己，莫泊桑拿起笔，毫不犹豫地在纸上写下居伊·德·莫泊桑。轮到小莫泊桑了，他开心地站了起来，用奶声奶气的童音说：“大家好，我是居伊·德·莫泊桑。”老师听了孩子的自我介绍，却发现，小莫泊桑因为马虎，把伊字都写丢了。马虎而又可爱的莫泊桑，个子并不算高，可是穿得却很讲究。一头浓密的头发，肉嘟嘟的小脸，圆圆的眼睛，穿着白色的衬衫，外面套着一个马甲，格子的小西裤，一双黑色的靴子，俨然一个小绅士。

老师把他写的名字还给他，他低下头一看，才发现自己竟然丢了一个字！而他突然觉得，把自己叫成“居”，反而不错呢！于是他站起来大声地向同学们宣告：“以后我就是我们班的小居绅士！”

回家后，他把自己在学校发生的事告诉了妈妈，妈妈温柔地抚摸着孩子的头。而爸爸，依然是未见踪影，他们已经 3 个月没看到爸爸了。父母的这场婚姻，无疑是失败的。而最可悲的角色，却仍然是由女人扮演。

那一年的冬天，父亲和母亲的婚姻到底还是破裂了。两人协议分居，母亲带着两个孩子，再次回到小时候曾经生活过的乐园——维尔基别墅居住。

1861—1862 年，埃特尔塔教区的教士为莫泊桑两兄弟担任家教。莫泊桑的学习成绩优异，这里面除了家教的帮助，更为重要的是母亲的指导。她不但熟读古今名著，而且有精深的鉴赏力。她经常给小莫泊桑讲述古代希腊、罗马的神话故事，娓娓动听。虽然婚姻很是不幸，但是，这并没有让她放弃自己的高雅爱好。她总是喜欢用自己的画笔，在雨过天晴的时候，一画就是几个小时。她还喜欢在吃过饭之后，给孩子们读一个小时的书。当孩子有什么问题时，她总会启发孩子，让难题迎刃而解。而小莫泊桑，觉得自己最开心的时刻，就是妈妈带着自己去游泳。小莫泊桑像一条小鱼，游来游去，技术很是熟练。

02

与诗人交友，拜大师为师

1863 年，莫泊桑进入伊夫托修道院办的学校读六年级。受到妈妈和舅舅的影响，他开始学习自己创作诗歌。渐渐地，他可以写一些诗来抒发自己的感情。

1866 年的暑假到了。这对于莫泊桑来说，可算是一个好消息了，因为他终于又可以尽情玩耍啦。他来到河边，看着人们在钓鱼。远处，已经散发出来一阵阵烤鱼的香气，他的口水直往下流。于是，他也拿出自己的鱼竿，开始钓鱼。可是，那天的运气并不是很好，旁边的人一个一个都离开了，他一条鱼也没有钓到。莫泊桑觉得很是扫兴，准备收拾东西回家。正在这时候，在不远的地方，却突然传来了一声又一声的呼救声。他抬头看去，水花四溅。经验告诉他：有人落水了。他毫不犹豫地脱下衣服，“扑通”一声跳进水里。

莫泊桑游到那个人落水的地方，把他救上岸边。而莫泊桑所救的溺水之人，正是英国的诗人、文学评论家斯温伯恩。

斯温伯恩(1837—1909)是英国维多利亚时代最后一位重要的诗人，在艺术手法上，他追求形象的鲜明华丽与脱俗新奇；文字的和谐优美与宛转轻柔。斯温伯恩在诗歌艺术上的特色，对20世纪以来的各国诗人产生了深远的影响。

几天后，莫泊桑受到了诗人斯温伯恩的热情款待。当得知莫泊桑喜欢写诗的时候，诗人更是喜出望外，他把自己的诗集送给了莫泊桑。莫泊桑抱着这诗集，兴奋得睡不着。斯温伯恩发现莫泊桑对他家中一只造型怪异而又耐人寻味的人手模型很感兴趣，就将这只人手模型赠给了莫泊桑。莫泊桑一直把这个礼物看成心爱之物，始终将它放在家中显著的位置，直到他生命的最后时刻。这只人手模型，给莫泊桑带来了创作灵感，他于1875年25岁时发表了自己的处女作《人手模型》(又译作《断手》《剥皮的手》)。《人手模型》的问世，给莫泊桑以巨大的鼓舞和信心，他看到了自己的潜力，感到了小说创作的诱惑力。

1868年本应该在学校上课的莫泊桑回到了家中。他被教会学校开除了，因为他写了一首反教会的诗。妈妈并没有责怪他，而是对他说：“如果这是你发自肺腑的声音，就用你的行动证明，你是对的。”然后，便开始辅导莫泊桑的学习，一晃就是两年。在母亲的辅导下，他学完了两年的高中课程。不得不说，莫泊桑的母亲对于他的影响，是有着启蒙性的意义。直到最后莫泊桑成为名人之后，他的妈妈仍然时刻对他进行着指导。

1863 年 10 月，莫泊桑进入鲁昂中学学习。一天，他又完成了一篇小说。他把自己的作品拿给母亲，然后信誓旦旦地对她说："妈妈，我想用我的手，写下我眼睛所看到的世界。"妈妈听到后十分高兴，自己的辛苦栽培，总算没有白费。他的舅舅把他引荐给了他的同窗好友福楼拜。

福楼拜（1821—1880），法国著名作家，被誉为"自然主义之父""法国新小说派鼻祖""西方现代小说的奠基者"。重要的作品有《包法利夫人》（1857）、《萨朗波》（1862）、《情感教育》（1869）和《圣安东的诱惑》（1874）。

莫泊桑忐忑地把自己的作品拿给他看，福楼拜看过之后，露出温和的微笑，他对莫泊桑说："写得还不错。很有天赋，我很愿意，尽最大的努力来帮助你。"莫泊桑听到之后，几乎都要跳了起来，对于 18 岁的他，这是最好的成年礼。

拜福楼拜为师之后，莫泊桑喜欢把自己写的东西给福楼拜邮寄过去，希望他能够给自己提出一些指导。可是，每次福楼拜把他的作品寄回来，没有任何的批改痕迹。莫泊桑有些生气，他觉得福楼拜根本看都没看。有一天，他终于鼓足了勇气，他问福楼拜说："老师，我每次寄给您的作品，是不是很多都没有看呀？"福楼拜回答他说："是的，我没有看。"

莫泊桑感到非常奇怪，他不明白，老师为什么要这样做。福楼拜拿出自己写作的纸，给莫泊桑看，莫泊桑惊奇地看着这一张张能装下10行字的纸，却都只写了一行。他对福楼拜说：“我觉得，这样写下来真的很浪费纸呀！”福楼拜对莫泊桑说：“知道我为什么要留下那么多的空白吗？”莫泊桑摇了摇头。福楼拜对他说：“我空下来的地方，都是用来修改的。我刚开始写作的时候，每天都坚持在写作。我告诉自己，只要长久坚持下去，就一定会有收获的。直到现在，我仍然在坚持。所以，你现在要做的事情，就是坚持写下去，直到积累到一定的程度。”莫泊桑听了福楼拜的话，恍然大悟，明白了福楼拜的良苦用心。

有一次，福楼拜让莫泊桑观察他们家门口路过的马车。莫泊桑从早看到晚，从日出看到日落，连续看了三天，结果什么门道也没有看到。无奈之下，莫泊桑只好问福楼拜：“老师，满大街上来来去去的不都是马车吗？这有什么好写的呢？”

“不，不不！那些装饰华丽的马车跟装饰简陋的马车能一样吗？在烈日炎炎下，马车是怎样走的？在狂风暴雨中，马车又是怎样走的？当马车在爬坡时，马匹的姿势是怎样的？当马车下坡时，车夫又是怎样吆喝的？他的表情是什么样的？这些你都观察到了吗？这么多可观察、可记录的东西，怎么会没有什么好写的呢？如果你能像画家一样，把车夫和乘客的行为和动作都记录下来，并传神地表达出他们的内心世界，你的写作便过关了！”

根据老师的教导，莫泊桑细致地观察各种事物，慢慢地觉得自己掌握了一些写作的要领，便再一次去请福楼拜指导。

福楼拜认真地看了几篇莫泊桑的作品，脸上露出了微笑：“你的确有了一些进步，但是年轻人，你永远不要忘记，所谓‘才气’是长期坚持不懈的结果。所以，你还是努力地坚持写下去吧。”接着，他又进一步指导说：“光仔细观察还不够，还要能发现别人没有发现和没有写过的特点。比如说，当你走过一个吸着烟斗的守门人面前时，就要学着用画家的手法把守门人的身材、姿态、面貌、衣着及全部精神、本质都表现出来，让读者看了以后，不至于把他同农民、马车夫或其他守门人混同起来。当你能做到这些的时候，你才是真正有进步了！”莫泊桑点了点头，他从心里佩服老师的精妙指教。

03

可怕的战争与可敬的“羊脂球”

1870年7月，普法战争爆发，莫泊桑应征入伍，1871

年9月他退伍。也就是说，在军队中，他度过了一年多的时光，这段时光，为他以后的小说创作提供了重要的题材。

每当他回想起军队的生活，总会想到那些消失了的熟悉的身影，想到在枪口下倒下的一个又一个无辜的人，想到一对对新婚夫妇不得不因为战争而分离，想到一个个刚刚会走路的小孩倒在血泊里……每次想到这些，他的心就会隐隐作痛。他想对这场战争写点什么，一时又不知如何下笔。

1874年冬天，福楼拜正在家中和朋友谈话，突然有人敲门。莫泊桑进来，拿着自己刚写好的作品，准备给福楼拜看。这时候，福楼拜的家里有很多人：屠格涅夫、都德、左拉、龚古尔等。莫泊桑看到这么多赫赫有名的作家，大吃了一惊。定下神来后，他先是向老师们问好，然后又和各位一一打招呼。看到莫泊桑很有礼貌，大家都很喜欢他。

都德的性格比较开朗，看到莫泊桑，便开始热情地和他聊起天来。一旁的屠格涅夫认真地端详着他：浓浓的眉毛，乌黑的短发，又大又黑的眼睛，挺拔的身躯，穿得很体面，很干净。于是满意地对福楼拜说：“你的学生真不错！”而一直未曾开口的左拉，也点着头微笑地看着这一切，福楼拜会心地笑了。

在福楼拜和许多作家的关心鼓励下，莫泊桑发表了一部又一部作品，创作水平不断提高。

1879年夏季，几个朋友在一起聚会，他们规定，要以普法战争为背景，各自创作一篇小说。这个约定，让莫泊桑一炮走红，他写出了著名的作品《羊脂球》。

1870年普法战争爆发，普鲁士军队攻占了鲁昂城，有10个人同坐一辆马车出逃。这10个人分别是1对富商夫妇，1对大企业家议员夫妇，1对伯爵议员夫妇，2名修女，1名民主党人和1名绰号叫“羊脂球”的妓女。几位阔太太得知了羊脂球身份后，对羊脂球的态度很是恶劣，她们悄声辱骂羊脂球是卖淫妇，是婊子，是社会的耻辱。那些尊重的先生、高洁的修女和思想进步的民主党人，对此视而不见。

马车在路上颠簸了大半天的光景，车上所有的人都饿了。这时，大家突然发现，由于出走匆忙，再加上饮食长期由他人伺候，大家都没有带食物，只有羊脂球带了可供自己3天的食物。羊脂球很大方地邀请车上所有的人都来分享她的食物，完全不计较先前这些有钱人对自己的不敬。很快篮子里的食物被瓜分光了，人们都摆脱了饥饿的困扰，于是人们对羊脂球的态度发生了变化，先前的蔑视变成了亲昵，辱骂也变成了夸奖。

马车继续前行来到了托特镇，这里也被普鲁士军队侵占了，普鲁士军官扣下了马车，提出要羊脂球陪自己过夜。羊脂球面对侵略者的无耻要求断然拒绝了，于是同行的一车人都被扣留了下来。

除了羊脂球外，其他的人都急坏了。他们想尽了办法，施展了种种阴谋想迫使羊脂球就范。最后，老修女说：“只要用意是好的，做任何事情都不会触怒天主。”羊脂球为了大家的利益，只好牺牲了自己。普鲁士军官的淫欲得到了满足，第二天就放行了。

重新上路后，大家非但不感激这位可怜的姑娘，反而对她避而远之,之前的赞美和亲近又变成了最初的鄙视和唾弃。这一次，大家各自准备了丰富的食物.唯独羊脂球没有来得及准备。马车继续前行，车上的人拿出了自己的食物大口地嚼着，只有羊脂球缩在角落里受冻挨饿，在科尔尼代的“马赛曲”中呜咽。

这个故事并非纯属虚构，这是与莫泊桑在普法战争时期的亲身经历有关。

莫泊桑所在的部队，有一名军官和一个名叫哈丽特的妓女关系十分密切。这个妓女，有着棕色的头发，高挑的眉毛，皮肤很白，身材丰满而圆润。在她的身上，总是有说不出来的性感，让每个男人都为之动容。和这个军官在一起后，哈丽特一改以往风流浪荡的个性，变成了一个羞涩而温柔的女人。那个军官对她承诺：“将来，等战争结束，我就会娶你。”

正当哈丽特沉浸在自己的幸福中时，这名军官在一个晚上把哈丽特带到军营，与她一起去拜见一位穿得很整齐、头发有些花白的绅士。哈丽特不明白军官的意思。然后军官对她说:“今晚，你一定要帮我说服这个老头，只要他的一句话，我就可以升官了，以后我们结婚的时候，日子才会更加幸福。”哈丽特不敢相信自己的耳朵，但为让这个军官升官，她还是按照他所说的做了。

不久，那个军官果然升职了。但当哈丽特去找那个军官时，军官却把她拒之门外，他说他不愿意再看到这个“下贱”的女人。几天后，哈丽特自杀了。

正是有了这样的基础，更由于法国在普法战争中的失败引起了人们对上层社会的不满与愤慨，抨击上层社会卑鄙行为的《羊脂球》大获成功，从而奠定了莫泊桑在法国文坛上的地位。

04

艳遇与《项链》《一生》……

在1882年的一次聚会中，莫泊桑和约瑟芬·丽泽尔曼相遇。

这一天，在客厅里，太太们都盛装打扮，画着浓艳而又美丽的妆容。莫泊桑看着这些人，在那里和她们聊天。这时，一个女仆突然吸引了他的目光。这个女仆并不健壮，穿的衣服似乎比她的身躯大一圈。仔细观察，她的表情哀怨。虽然身为女仆，但是，这似乎并没有让她觉得自己就是低贱的下人，她也幻想着有一天，遇到自己心中的白马王子。

莫泊桑拿着手中的酒杯走过去。约瑟芬看到莫泊桑向自己走来，显得有些惊恐，她的眼睛里有些慌乱，但是她仍然镇定地站在那里。

莫泊桑开口对她说道：“你好，女士。”

约瑟芬站在那里，没有说话。

莫泊桑随手拿出两张纸，开始在约瑟芬的面前变起魔术来。约瑟芬一下子就被吸引住了，而且，她不敢相信，站在面前讨好自己的，正是大作家莫泊桑。他们俩开始交谈起来，忽然，莫泊桑塞给她一张纸条：今晚，都隆街不见不散。

约瑟芬拿着这张纸条，心里既兴奋又慌乱。她不知道，该如何对待这天降的缘分。最后她做出了决定：准时赴约。

她穿了一件自己一直舍不得穿的裙子，出现在街道上，发现莫泊桑早已经在那里等她了，她感动得一下子扑在他的怀里。然后，就这样，他们开始了恋情。过了几个月，约瑟芬告诉莫泊桑，她有了他们的孩子。第二年，孩子出生了，而莫泊桑做的却是只抚养，不承认。这也是后人们一直诟病莫泊桑的地方。

莫泊桑这种艳遇很多，并根据在这种场所的仔细观察创作了很多作品，其中最有名的就是《项链》。

有一位漂亮的女子，迷恋豪华的贵族生活，但她的丈夫只是一个普通的小职员。为了出席一次盛大的晚会，她用丈夫积攒下的 400 法郎做了一件礼服，还从好友那里借来一串美丽的项链。在部长家的晚会上，她以超群的风姿出尽了风头，虚荣心得到了充分的满足，可她竟然把借来的项链弄丢了。在这种情况下，她只有隐瞒着好友，慢慢来赔偿。从此，夫妇俩度过了 10 年节衣缩食的生活。在这艰难的积攒过程中，她的手变得粗糙了，容颜也衰老了。后来，她偶然得知了她丢失的那条项链不过是一条价格低廉的人造钻石项链，而她赔偿的却是一挂真钻石项链。就这样，她白白辛苦了 10 年。

早在 1877 年 8 月，年仅 27 岁的莫泊桑就被医生诊断患有恶疾，这让他想尽快地以文学形式记录自己的一生。1883 年 4 月，他的第一部长篇小说《一生》问世。

这篇小说，和他童年的那段生活经历密切相关。在文中他说道："生活可能并不像你想象的那么好，但也不会像你想象的那么糟。我觉得人的脆弱和坚强都超乎自己的想象。有时，我可能脆弱得一句话就泪流满面；有时，也发现自己咬着牙走了很长的路。"书中的主人公，和莫泊桑的母亲有着很多相似之处，也许，这就是他代替母亲所发出的一系列的感慨吧！

写完了一部又一部的作品，他的身体也每况愈下。这天，他决定让自己好好放松一下。他散着步，漫无目的地走在大街上。法国梧桐的落叶，在地上堆积了一层又一层。他喜欢脚踩在落叶上时，发出的“沙沙”声，让人顿时感觉到，无比宁静与安心。突然，他的眼前，出现了一个衣衫褴褛的乞丐。莫泊桑遇到这些人，都会慷慨地拿出自己口袋里的钱，因为他知道，每个人都不想在大街上这样抛头露面地行乞，除非迫不得已。

莫泊桑像往常一样，给乞丐的碗里放上了硬币。乞丐抬起头，双眼里散发出来的目光，立刻让莫泊桑心惊。乞丐的眼睛里空洞洞的，死灰一般的目光投射出来，很显然，他已经对生活彻底绝望。这一切，又激起了他的好奇心，他停下脚步，和老人交谈起来。

原来，老人本是一个富翁。他说：“几年前，我和朋友出海去打鱼。在打鱼过程中，无意间发现了商机。于是，我开始贩卖海鲜。由于我非常勤快，又很讲诚信，所以，在短短的几年间，我便积累了一定的财富。于是，好多人都听说我发了财，以前瞧不起我的亲戚，都来巴结我，并且想尽办法，想把钱财弄到手。而我又是一个心地善良的人，只要别人需要帮忙，就会毫不犹豫地伸出援助之手。这个时候，以前曾对我甚是尖酸刻薄的弟妹，开始向我暗送秋波。但是我知道，我不能逾越这层道德的底线。她是自己弟弟的老婆！”讲到这里，他停顿了一下，显得更加哀伤。当自己失落的时候，别人都避而远之，一旦自己时来运转，就会在你身边围绕。他一脸惆怅地叹息道：“后来，弟媳见我对她无动于衷，便又开始对我百般刁难。开始向我弟弟说我的坏话，弟弟渐渐地也和我疏远了。他们俩甚至联手，说我的财产都是通过非法渠道获得的。不久法院开始对我进行调查，可气的是，法院的人也垂涎于我的财产。于是，法院的人和我弟弟商量好，开始对我捏造了种种罪名。弟弟甚至出堂作证！就这样，我的财产被侵吞一空。”讲完故事，老人死灰般的眼睛里，冒出愤怒的火焰，而接着，又变成哀伤。

莫泊桑听着这一切，沉默了良久，良久。后来，他创作了他的又一重要代表作——《我的叔叔于勒》。于勒的原型，就是上面那位老乞丐。

05

与病魔的斗争

1876 年的一天，莫泊桑早早地就起了床。突然，他发现枕头上有一团黑色的东西。他心头一震，这不是自己的头发吗?

1877 年 8 月，莫泊桑被医生诊断患有恶疾，经海军部准假，赴瑞士洛埃施进行温泉治疗。其后，莫泊桑的身体每况愈下，遭受眼疾、偏头痛、神经痛等多种疾病的折磨。

然而，莫泊桑并没有向病魔屈服，而是像与死神赛跑似的进行创作。仅在1884年一年，他就发表了多部作品，包括《项链》《伞》《幸福》《遗产》等。1885 年，又出版了小说集《白天与夜晚的故事》、长篇小说《漂亮朋友》、小说集《帕朗先生》。

与此同时，他也尽量注意休息。

1885 年，莫泊桑与画家热尔伟等人出游意大利西西里等地，购买了游艇，并根据他刚出版的长篇小说书名命名为“漂亮朋友”号。在游船上，莫泊桑遥望着远方。远处，天空和海洋连在一起，天是蓝的，海是蓝的。在这巨蓝的帷幕下，几只海鸥在飞翔，但是，它们始终逃脱不掉这巨大的蓝幕。这就像命运一样，我们总是会不断地挣扎，不断地去挑战，可是，当我们使尽浑身解数的时候，却发现，我们还是逃脱不掉命运的安排。但是，正是因为有希望，我们才不会停止飞翔。

1886 年底，莫泊桑应罗思柴尔德男爵邀请，访问英国。

1888 年 10 月至次年 1 月前往北非。

1890 年，莫泊桑的病情恶化，他一次又一次地出现幻觉，他的性格变得十分暴躁，经常是喜怒无常。

这一天，他正在屋子里读书。这时候，窗外传来了叽叽喳喳的鸟鸣声。他愤怒地合上书，捡起石头向鸟儿扔去。他怒气冲冲地找房东，和他大吵了一架，并且将房东告上法庭，原因是他觉得自己居住的环境太吵了。

1892 年 1 月 2 日晚上，他将自己的门紧紧地锁上。这一晚，疼痛让他难以忍受。他感觉脑袋几乎快要炸裂了一般，身体也跟着疼痛，他痛苦地抽搐着。他觉得，这个时候，死也许比这都会好受些。于是，他颤抖着走向桌子，拿起在果盘旁边的水果刀，准备刺向自己的喉咙。

幸好被朋友和母亲发现，朋友赶忙冲了过去，夺走了莫泊桑手上的刀子。莫泊桑无力地倒在地上，他的衣服已经被血染透了。1 月 8 日，莫泊桑被送进了精神病医院进行治疗。

1893 年 7 月 6 日，天空灰得好像要痛哭一场。莫泊桑躺在病床上奄奄一息。因为疼痛，他的脸几乎都扭曲变形了。

他在恍惚之中，仿佛看见自己又成了那个曾经在苹果园玩耍的天真少年，他躺在妈妈的怀里，听着妈妈用温柔的声音讲着一个又一个动听而又神奇的故事。爸爸再次出现，这次，爸爸却再也不是醉醺醺和恐怖的样子，而是带着笑容，慈爱地看着自己。自己开心地跑到海边，拾起一个又一个的彩色贝壳，和农民们一起在凉爽的河边钓鱼、烤鱼，一起说着粗话，一起看草原上的落日，看着牛儿在草原上悠闲地吃着草。然后，他含着泪，微笑地闭上了眼睛。

莫泊桑走完了自己短暂而又辉煌的一生。纵观莫泊桑的一生，充满传奇色彩，他用短短的 45 年，给我们带来了无数的精神财富。

莫泊桑的文学创作，总是在平凡的事物中，截取能够触动人心的片段。在小小的故事中，却总是蕴含着引人深思的哲理。

他总是用逼真、自然的写实手法，将故事表现得更为真实。但是，这个“逼真”不同于照相似的写实，所谓“艺术来源于生活，高于生活”。他用他的笔，创造了 300 余篇短篇，他为我们勾勒出了 19 世纪下半叶法国社会一幅全屏的风俗画。更重要的是，他把现实主义短篇小说的艺术提高到了一个前所未有的高度。莫泊桑所有这些作品实际上已形成了情节淡化与生活图景自然化的倾向，现代小说艺术的一个特点在他这里已露端倪。左拉评价他说:“莫泊桑创作的短篇小说、中篇小说，源源而出，丰富多彩，无不精湛绝妙，令人叹为观止；每一篇都是一出小小的喜剧，一出小小的完整的戏剧，打开一扇令人顿觉醒豁的生活的窗口。读他的作品的时候，可以是笑或是哭，但永远是发人深省的。”

一茶一路

Chapter 08

“法兰西的莎士比亚”

——维克多·雨果

法蘭西莎士比亞
維克多·雨果

19世纪的一天，在法国的大街上，有一个怪人在行走着，远远看去，他有一张可怕的“阴阳脸”，也就是一半是“黑的”，另一半却是“白的”。可是走近一看，每个人心里的问号，都会变成一个巨大的感叹号。原来，他的胡子和头发都只刮了一半。这个特立独行的人，就是法国著名作家雨果。

爱美之心人皆有之。雨果为什么故意把自己搞得很怪异呢？原来，他是以此为借口，推掉那些应接不暇的应酬。在雨果的心中，创作永远都是第一位的。另一方面，正是由于他敢于扮丑，人们才能感受到《巴黎圣母院》中美丽而又惹人怜悯的吉卜赛少女艾丝梅拉达的美好与天真，感受到外表丑陋而内心善良的卡西莫多心灵所散发出来的人性光辉；感受《悲惨世界》中饱经沧桑的冉·阿让在波折的人生中表现出来的倔强与坚强……敢于丑，才会更美。雨果的作品如此，而他的人生，亦是如此。他是带着铁链飞翔的小鸟，尽管沉重，却依然在天际里飞翔。

维克多·雨果（Victor Hugo，1802—1885），法国19世纪浪漫主义作家代表人物，出生于法国贝桑松（Besançon）的一个军官家庭。13岁时与兄长进入寄读学校就学，兄弟均成为学生领袖。雨果在16岁时已能创作杰出的诗句，21岁时出版诗集，声名大噪。1845年，法王路易·菲利普授予雨果上议院议员职位。1848年法国二月革命爆发，雨果于此时期四处奔走，鼓吹革命，不久即当选国民代表及国会议员。3年后，拿破仑三世称帝，雨果被放逐国外。1870 年法国恢复共和政体（法兰西第三共和国），雨果亦结束流亡生涯，回到法国。他一生创作的作品种类繁多，涉及诗歌、小说、剧本、散文等多个领域。在其长达 60 年的创作生涯中创作了 20 卷诗歌、20 卷小说、12 卷剧本、21 卷哲理论著等。其中，长篇代表作有《巴黎圣母院》《九三年》《悲惨世界》《海上劳工》等。雨果被人们称为“法兰西的莎士比亚”。他的作品对法国和世界都有着广泛的影响。作为一个世界知名的作家和人道主义的代表人物，他的经典名言展示出人心的博大：“世界上最宽阔的是海洋，比海洋更宽阔的是天空，比天空更宽阔的是人的心灵。”

01

将军的儿子，“文艺界的小天才”

1801 年 5 月，西吉斯贝尔·雨果不得不和他亲爱的妻子暂时分开。

他是一名中下级军官，此时刚升任营长，正在从临近德国、卢森堡、比利时等国家的法国东北山区前往东邻瑞士，南接意大利，被称为法国东大门的贝桑松任职。当时正是拿破仑战争期间，西吉斯贝尔·雨果南征北战，妻子总是跟着他东奔西跑，两次怀孕期间都是在行军途中，有一次还险些流产。这一次，当他在行军途中发现妻子第三次怀孕之后，再也不愿妻子和自己一起受苦了。于是，他狠下心来，决定要和妻子暂时分开，把她安排在了贝桑松城里。

1802年2月26日，伴随着又一个春天的到来，西吉贝斯尔·雨果的第3个孩子出生了。医生把这个孩子抱过来，母亲却惊讶地发现，这个孩子和以往的两个孩子不同。因为以前的两个男孩，都是出生3天后，才慢慢地睁开眼睛，而这次，孩子刚出生，眼睛就格外明亮，好像在这个世界寻找着什么。这个时候，妈妈突然想起了在生孩子的那天晚上，做了一个奇怪的梦。她梦到自己来到一个花园，花园里有各种各样的花朵，她看到这些景物，兴奋地跳起舞来。正当自己跳得起劲的时候，忽然出现了一个人，对自己说："我这有一支笔，现在就交给你的孩子了，他会用这支笔，做出一番事业的。"说完便不见了，而自己也突然间被惊醒了。她觉得太不可思议了，但转念一想，是不是孩子以后会在文学上有造诣呢？现在看着儿子这双明亮的眼睛，她突然相信，儿子将来必定会大有作为。妈妈给他起了个名字：维克多·雨果。维克多是雨果教父的名字，那是一位将军——维克多·

法诺德拉奥里将军。这是雨果父母早就商量好了的一个名字，但最初是一个女孩的名字“维克托琳”，因为他们的前两个孩子都是男孩，他们很想要一个女儿。

渐渐地，小雨果已经学会了走路。细心的妈妈，总是喜欢用自己的笔，来记录孩子的成长历程。说来也奇怪，每次当妈妈拿出笔的那一刹那，小小的雨果总是跌跌撞撞地跑过来。妈妈以为孩子是饿了，起身想去给她弄些吃的。可是，小雨果拽着妈妈不让她离开，嘴里还咿咿呀呀地念叨着什么，然后，用自己圆圆的眼睛，先是认真地盯着妈妈写的内容，然后，把妈妈手里的笔拿到自己的手上，这个时候，他总是很兴奋。他也拿起笔来，学着妈妈的样子，在纸上认真地涂涂画画。妈妈总是满脸笑容，在一旁鼓励孩子说：“小雨果真的是太棒啦！”然后给他一个暖暖的拥抱。

妈妈平时看的书，也被他翻得乱七八糟的。妈妈不但没有怪他，反而拿出一本书，给他读起来。小雨果顿时安静下来，一脸认真地看着妈妈。这样，在他 3 岁时，妈妈就已经给他读了 50 本诗集。

在母亲的引导下，雨果 3 岁时就已经能够写出一些简单的字，5 岁时已经能够背诵超过 100 首诗歌。雨果后来将自己的文学造诣归功于母亲，她母亲思想的开明和知识的广博在当时是少见的。

1809年，7岁的雨果开始就读于弗扬蒂讷圣雅克街的一所学校。第一学期尚未结束，老师让听写全篇的《新约全书》，他只犯了一个拼写错误，其中一个单词漏写了一个字母O。

两年后，已经成为将军的雨果父亲被提升为阿维拉和塞哥维亚的军区司令，雨果一家随军移居西班牙。妈妈吩咐雨果兄弟："你们必须在3个月内学会西班牙语。"6个星期后，兄弟俩就可以用西班牙语对话了。到了西班牙后，哥俩寄宿在一所修道士开办的天主教寄宿学校。他们很快就可以流利地用西班牙语阅读和讲话，受到了修道士和其他许多人的赞扬。

12岁的时候，雨果已经能够自己独立写出诗歌和小说了。由于受父亲的影响，雨果此刻的诗歌，总是充满着保守和赞颂的色彩。

有一次，他又写了一首小小的诗歌，他兴奋地把自己刚刚创作的诗歌拿给父亲。父亲读完之后，不相信这么小的孩子能够写出这么好的诗，以为雨果是用这种方式讨他喜欢，就一脸严肃地看着雨果："我相信，我的孩子都是光明磊落的。我希望，你也不要丢我的脸。"

雨果听出了爸爸话中的含义，心里很委屈。但是，他并没有像别的孩子那样，受到委屈就大哭，他强忍住自己的泪水，然后装作平静地对爸爸说："爸爸，我很高兴，你对我能力的肯定。我现在突然有个请求，想让你给我出一个题目，以便在爸爸面前再次炫耀一次我的本领。”西吉贝斯尔·雨果听了儿子的话后很爽快地答应了。因为他真的不相信，儿子这么小，居然能写出这么出色的诗来。雨果这次，用了短短的几分钟，再次写出一首热情洋溢的诗歌。爸爸认真地读着，他吃惊地发现，这一篇比上一篇还要出色。他内心的满足再也无法抑制，一下子就把雨果抱住，对他亲了又亲。他向儿子道了歉，同时，内心的愧疚感也油然而生，自己给孩子的陪伴太少了。

雨果 13 岁的时候，父亲把他和哥哥们送到寄读学校去就学。果然是将军的儿子，兄弟们在学校里表现都很出色，而且都成了领袖式的人物，而这个时候的雨果，却仍然对于文学格外痴迷。

有一天，他正在津津有味地看着一本名叫《文学保守派》的杂志。读完之后，他和同学们一起讨论：“我觉得，这些文章写得一般嘛！”同学们听着雨果的话，一起嘲笑他：“你也写一个一般的文章试试？”雨果说：“我肯定会写出来的。”同学们都不相信，在私下里嘲笑雨果的狂妄。雨果自己就在书上找到了杂志社的地址，写了一篇文章寄过去。然而，文章却杳无音信。雨果心里很是失落。其实，雨果一直都是一个比较低调的孩子，可是一旦遇到和文学相关的东西，他总是会变得超乎寻常的兴奋。

大约过了一个月，来了一封信和一本书。雨果打开一看，信封里面，有一些稿费，然后就是一篇感谢和邀请信，信里面写出了对雨果才情的赞美。他打开那本杂志，看见自己的文章第一次变成了铅字，而在作者的名字那一栏，“维克多·雨果”几个字赫然出现在自己的眼前。他骄傲地把这些东西展现在同学面前，同学们心服口服，他们都称呼雨果为“文艺界的小天才”。

同学们问雨果为什么能够写出这么好的文章，雨果说：“从我上学的第一天起，我第一个到达的地方不是教室也不是操场，而是图书馆。当我看见里面一排排的书时，我竟然失控地叫了出来。旁边安静学习的人都转头来看我，不知道发生了什么。我真的是太开心了。从那天起，我就下定决心，一定要把图书馆里所有的书看完。我每天早早地来到这里，又是最后一个出去。图书馆管理员每次看到我就头痛，因为我总是赖在那里，赶都赶不走。目前，图书馆里的书还剩下三分之一就看完了，明天我又要开始奋斗啦！”同学们都听傻了，他们对他顿时佩服得五体投地。让他们更没想到的是，他们给雨果起的这个称呼，最后竟然成为现实。也正是这一次，雨果再次坚定了文学创作的决心。

1819 年，这一年，雨果 17 岁。这个年纪，对于大多数人来说，是花季，是雨季。当其他人还在沉浸于初恋带来的美妙时，雨果却开始和诗人维尼创办《保守文艺双周刊》。这个时候的雨果，家庭比较殷实。由于受到家庭的影响，他此时的文学创作，更多的是关于歌颂保王主义和宗教。1822年雨果发表了第一本诗集《颂歌集》，并且获得了路易十八的赏赐金。后来他又出版了《新颂歌集》和《颂诗与长歌》，在此期间，他的中篇小说《冰岛魔王》和《布格·雅尔加》也相继问世。

02

小城故事：雨果的爱情

荣誉蜂拥而至，年轻的雨果，成了很多人倾慕的对象。于是，身边来了一个又一个的媒人，他们都想把自己的掌上明珠，嫁给这个风流才子。但是，他始终无动于衷。因为在他的心里，始终记得，那个在自己小小年纪就曾遇见却至今未曾知道姓名的小姑娘。

那是阳光明媚的一天，小雨果和妈妈一起去修道院。这时，一个在修道院中正在认真调色的小姑娘吸引了他的目光。在她旁边，放着一个画板，画板上已经勾勒出了一个花朵的形状。在阳光下，小姑娘的眼睛发出迷人的光芒。她认真地忙着自己所做的事情，甚至，微风已经将她的头发吹乱，都没有察觉。雨果刚要走过去，被妈妈拉进了教堂里。雨果不得不恋恋不舍地离开，然而，等到他出来的时候，小女孩早已经不见了踪影。

现在回想起当时遇见她的场景，雨果的嘴角都会向上扬起。有一天，雨刚刚停歇，雨果来到公园散步。下过雨的天空显得格外温柔。树叶上，圆滚滚的雨滴还没有落下，反射着太阳的光，顿时整个世界似乎都变得晶莹剔透了。雨果沉浸在大自然的神奇景色中。正在他如痴如醉的时候，抬起头来，猛然间他发现，一个穿着白色衣服的女孩坐在一棵高大的梧桐树下面，雨滴偶尔落下，滴在她的头发上，她的头发因此都变得湿湿的，这反而让她原本干净的小脸，显得更加纯洁、诱人。或许在她的眼里，大自然的任何景观，都是一种恩赐。她闭着眼睛，陶醉在大自然中，张开双手，尽情徜徉。雨果加快步伐，踉踉跄跄地来到姑娘身旁。听到脚步声，姑娘慢慢地睁开了眼睛，正好和雨果的眼睛对视在一起。这个女孩，不正是自己朝思暮想的天使吗？虽然她已经长高了不少，可是，眼睛里的光芒仍是他记忆里那样炫目耀人。

阿黛尔看见一个男孩这样盯着自己，脸“刷”地一下子红了，害羞地低下了头。雨果想：如果错过这一次，那就真的成为遗憾了，我要抓住这个机会。

雨果轻轻地摘下几朵花，抖去雨滴，送给姑娘。“请接受我的问候，美丽的姑娘。”

阿黛尔不想这样贸然地接受雨果的馈赠，可是，在雨果的多次请求下，她还是接过了花朵，对于陌生人，她还是有些防备。

“我们似曾相识，不管你是否记得。”

阿黛尔只是微笑。

“我不想，错过像天使一样的姑娘，我的心里，一直都空缺着一个位置，直到你的出现。现在它已经被填满，我无法抑制。”

阿黛尔打量着这个男孩，梳着整齐的头发，眉目很清秀，眼睛里透露出深邃的光芒，而且他说话铿锵有力，举止文雅。阿黛尔也同样被这个颇具绅士风度的男孩吸引了。但是，她不能表现出来，她要保留女孩子的矜持。

“很高兴能和你见面，不过，天气有些凉了。我觉得，我应该回去拿件衣服。我的家离这里并不远，就在花园的对面。再见了！”

雨果有些失落，可是，他知道了姑娘家的地址！他高兴地跑回自己的家，写了一封热情洋溢的情书，偷偷地放到了阿黛尔家的门口。

而这一切，都被阿黛尔看在了眼里，但是在收到第一封信时，她没有回复。于是，雨果写了一封又一封。她一口气读完了雨果的信，感动得泪流满面。阿黛尔读出了雨果满腔的热情，她决定放下矜持。她回了雨果一封同样饱含爱慕之情的情书。就这样，两个年轻人的心里火热的爱火燃烧起来了。

雨果把自己心爱的女孩阿黛尔带回家，给妈妈看。此时，爸爸已经和他们好久没有联系了。是的，爸爸和妈妈的感情破裂了。雨果父母的感情破裂，与雨果的教父维克多·法诺德拉奥里将军有很大的关系。这位将军本来是雨果父母共同的好朋友，与雨果母亲的关系很正常。1802 年冬季，雨果父亲蒙冤，母亲求助于法诺德拉奥里将军，单独来往一多，两人竟开始了一段长达 10 年的恋情，直到法诺德拉奥里因卷入一场反对拿破仑的阴谋而被捕并被处死，这段恋情才结束。

雨果不知应该如何评论父母，但此时的他坚信，自己和阿黛尔一定会组建成一个完美的家庭，他们会永远相爱，永远不会分开。他想妈妈看到阿黛尔之后一定会很高兴。然而妈妈却并没有像雨果想象的那样兴奋，只是冷淡地与阿黛尔打了声招呼，就没再说什么。雨果感到很失望，甚至开始有些责怪妈妈。等到把阿黛尔送走之后，他和妈妈进行了交谈。

妈妈对他说：“孩子，我希望你能够幸福，不要像我和你爸爸一样。”

雨果感到妈妈有些莫名其妙，他说：“妈妈，我爱她，我会对她好的，我们一辈子都不要分开。”

妈妈叹了口气，摇摇头离开了。后来雨果才知道，原来妈妈是害怕别人把他抢走。雨果笑了笑，心想：女人的心，真难懂！后来，妈妈和阿黛尔相处得非常融洽，雨果的爱情也更加顺利。

爱情的如胶似漆，让他的文学创作有了源源不断的灵感。那些诗歌，小说，还有荣誉和奖杯，一个接一个地出现。

03

进入巅峰，创作《巴黎圣母院》

这一天，雨果又创作完了一部作品。松了一口气的他，终于又可以出来尽情呼吸大自然的新鲜空气。

广场上人山人海。当他穿过一个又一个的人，终于到达人群围着的圈子里时，被眼前的景象惊呆了：一个衣衫褴褛的姑娘，被粗粗的铁链拴在柱子上。铁链反射着太阳的光，变得格外刺眼。姑娘的头上被钉着告示，脚下放着火盆。虽然是夏天，可是姑娘仍然在发着抖。“当……当……当……”

钟声敲响了 12 下。一个壮汉子走进了圈子里：他剃着光头，头顶闪着亮光；两只眼睛凸了出来，圆滚滚的，鼻头很宽，看得见粗大的毛孔。他将姑娘的背裸露出来，用刚刚烧红的炭火，一下子放在姑娘的背上。行刑者毫无表情，观看的人群也只是议论纷纷。姑娘一下子晕了过去。雨果闻着这烧焦的味道，突然感到呼吸变得紧张而又窒息。于是，他迅速迈开脚步，离开了这里。这个场景，成了他脑海中一直挥散不去的阴影。

正是在这一年，他的思想开始发生了转变。

雨果早期的作品，饱含着歌功颂德的情感。直到 1823 年，随着自由主义思潮日趋发展，雨果的政治态度也发生了转变。雨果与浪漫派文艺青年缪塞、大仲马等人组成第二文学社，开始明确地反对伪古典主义。而这一年，他和阿黛尔结婚正好一周年。

几个意气相投的青年相聚在一起，总是充满着激情和热血。为了他们共同热爱的文学，有时候甚至为了讨论一个问题，彻夜不眠。而当谈到激动的地方时，大仲马总是会手舞足蹈，并且唱着有些跑调的流行歌曲；而雨果，谈到高兴的时候，则喜欢随手拿出一张纸，画下个简略的符号。一到这个时候，所有的人都会大笑起来……

1827 年，雨果创作了自己的剧本《克伦威尔》，并且写了长篇序言。在这篇序言中，他提出反对古典主义的艺术特点，提出了浪漫主义的文学主张：坚持不要公式化而是具体地表现情节。他特别宣扬了美与丑的对照，即“美丑对照原则”。这一篇序言，成为浪漫主义运动的重要宣言，同时，也标志着他的文学创作，进入了第二个阶段。

1830 年，法国发生了“七月革命”，封建复辟王朝被推翻。而在这一年，雨果写了大量作品赞颂这些革命的英雄。他的政治态度，也发生了转变，走上了左翼文学的道路。在这种背景下，1831 年，雨果发表了代表其浪漫主义色彩的第一部大型小说《巴黎圣母院》。

故事的场景设定在 1482 年的巴黎圣母院，内容围绕吉卜赛少女艾丝梅拉达、圣母院驼背敲钟人卡西莫多、巴黎圣母院副主教克洛德 3 人的关系展开。

有一天，驼背敲钟人卡西莫多因为绑架吉卜赛少女艾丝梅拉达被绑在广场上示众，在烈日下口渴难忍，遭受围观者的嘲笑和辱骂，艾丝梅拉达却不计前嫌，把水送到他的嘴里，使这个看起来丑陋、愚钝无比的人感动得流下了眼泪。

艾丝梅拉达爱上了外貌英俊的弗比斯，不料弗比斯被人刺伤，她也因此被当作女巫抓了起来。就在她要被处死的时刻，卡西莫多冲进刑场，把她救到圣母院的钟楼上，因为那里是世俗法律无权管辖的地方。为了她的幸福，卡西莫多去寻找弗比斯，然而弗比斯这个逢场作戏的花花公子，已经丢下她另寻新欢去了。

法院决定逮捕艾丝梅拉达，流浪汉们赶来营救，遭到国王军队的镇压，死伤惨重。早就觊觎艾丝梅拉达美色的巴黎圣母院副主教克洛德乘混乱之际，用谎言欺骗甘果瓦把她带出圣母院的后门，逼迫她顺从自己，在遭到坚定的拒绝之后，克洛德恼羞成怒，暗中布局，让官兵抓走了艾丝梅拉达。

克洛德为了得到艾丝梅拉达，曾指使由他养大的驼背敲钟人卡西莫多绑架艾丝梅拉达,又派人暗中刺伤情敌弗比斯。然而，当艾丝梅拉达被吊上绞架时，一直表现得深爱着艾丝梅拉达的克洛德却站在圣母院的顶楼上愉快地观看，还发出了得意的狂笑。历来对克洛德百依百顺的卡西莫多终于认清了他的狰狞面目，猛扑过去，把他从钟楼顶上推下来摔死。然后，卡西莫多从容地走上刑场，抱着艾丝梅拉达的尸体遁入了墓地。几年后，人们发现了他们拥抱在一起的遗骸。

《巴黎圣母院》的问世，震惊了整个法国文坛。这部作品对于丑与美的看法，可能会颠覆我们固有的观念。卡西莫多极其丑陋：他脸的两边甚至都不对称。几边形的脸，马蹄形的嘴，独眼，驼背，耳聋……当我们看到这样一个人时，可能会称他为怪物。可是他的外表，恰恰与他的内心形成一个鲜明的对比。当他抱着艾丝梅拉达的尸体时，我们感动得流下眼泪。作品在告诉我们，丑到极致，正是美到极致。而在书的开始关于美女艾丝梅拉达舞蹈出场的描写则更为人称道：这位少女简直是仙女或天使，她身材不高，但苗条的身段挺拔，显得修长。她肤色棕褐，大概像安达卢西亚姑娘和罗马姑娘那样有着漂亮的金色光泽。她那纤秀的小脚在一张随便垫在她脚下的旧波斯地毯上翩翩舞着、旋转着；每次旋转，她那张容光焕发的脸蛋儿从你面前闪过，那双乌黑的大眼睛把闪电般的目光向你投来，都是那样摄人心魄。她就这样飞舞着，两只滚圆洁净的手臂高举过头顶，把一只巴斯克手鼓敲得嗡嗡作响。道貌岸然的克洛德，则成了一个丑恶之人。他是一个副主教，名义很高尚，内心却是极为黑暗，做着一件又一件卑鄙的事情。而这一切，又恰恰反映了雨果对那个时代的看法：苦难的下层劳动人民往往是最善良、最值得让人钦佩的。而那些所谓的宗教圣徒，则是用精美绝伦的面纱，遮盖着自己的丑陋。

然而，这个时候，雨果的爱情却再也不像事业那样顺利。他亲爱的阿黛尔，那个曾经照耀着他的太阳，和一位作家私奔了，离开了自己。当初海誓山盟的誓言，雨果仍然能够倒背如流，而阿黛尔却早已经把它抛在了脑后。此时，雨果的长女已经离开自己快 10 年了，二女儿才刚刚牙牙学语，可爱的小儿子，已经成为一个小小的绅士。

他回想到了自己小时候，那个曾经自己看不懂的画面：妈妈和她的情人维克多总是那么亲近，爸爸和妈妈又是大吵一架。而这样的事情，现在正发生在自己的身上。不同的是，对于阿黛尔，他始终爱着。然而，她却背叛了他，和一个作家私奔。雨果没有责怪阿黛尔的理由，因为他自己也有着心中的秘密。也就是说，雨果的心里，此刻住着两个人，除了阿黛尔，还有一个人叫朱丽叶·德鲁埃。

雨果和朱丽叶相识在剧院。那时候，朱丽叶 26 岁，雨果 30 岁，两人一见面，便互生情愫。但是，雨果仍然不忍心忘记阿黛尔，那个曾经和他一起走过 10 年光阴的美丽天使。因为他还记得那一封封热情洋溢的书信。

然而，在相遇的那天开始，朱丽叶便爱得无法自拔。也许很多人会觉得十分夸张，短短一天的时间，爱的情感怎么会如此浓烈？但当你遇到你一直倾慕已久，又觉得似曾相识的人，你能不为之疯狂？从那一天起，那个曾经风流浪荡的朱丽叶，发生了令人瞠目结舌的变化，她变成了一个乖乖女，一个一心一意只爱着雨果的痴情人。雨果的喜怒哀乐，从此都牵动着她：他喜，她再苦也不会流泪；他悲，她比他还难过。然而，雨果什么都不能给她，甚至想得到一个承诺，都变成了奢侈。但是，朱丽叶依然无怨无悔。爱，就是一种境界，即使它让自己卑微到尘埃里，也会抬头仰望广阔的天空。

就这样，她一直给雨果写着信，直到自己再也无法看到这个美丽世界的那一刻。在法国国家图书馆发黄的书页里，这段浪漫的爱情仍然在向人们诉说着当年他们间的真情。

04

流亡国外，写出《悲惨世界》

雨果的创作事业，也并非总是一帆风顺的，他也曾遇到过低潮。然而，雨果总是能不断调整自己的状态，创造一个又一个让人心服口服的神话。

1841 年，雨果被选为法兰西院士。

1843 年，雨果创作了神秘主义剧本《卫戍官》。然而这一次，雨果可以说是遇到了前所未有的打击。一开始，人们都是充满热情地来到剧院，准备认真品味雨果的新作。可是，过了十多分钟，剧院里就开始有些嘈杂的响声。雨果认为，可能还需要时间。然而，随着时间的延长，批评的声音不但没有消失，反而越来越大。在戏剧演到一半的时候，剧场已经走了大半部分人，最终剩下的几个人，也是留下来喝倒彩的。很明显，这次演出很失败。有人就开始说：“雨果江郎才尽了。”雨果没有反驳，因为在这个时候，他更想自己在政治上，能够大显身手。

他的公务变得越来越繁忙，他在创作过程中的热情，也已经不再像以前那样高。1845 年，雨果被封为法兰西贵族世卿，还当上了贵族议员。1848 年，巴黎人民举行革命，推翻七月王朝，成立了共和国。此刻，他也逐步走上了共和的立场。1851 年，路易·波拿巴发动政变，宣布帝制，雨果成了重点的追捕对象。雨果本想干出一番事业，结果却以这样收场。他实在感到心灰意冷，同时，对人生又有了新的看法。

当局一直在搜捕雨果，大儿子和小儿子已经不幸被逮捕入狱，雨果不敢抛头露面，只能在晚上有点活动，得以有些喘息的机会。

这一天晚上，雨果来到朋友的聚会地点，大家都在讨论着当今波拿巴的种种罪行。此刻，聚会的人已经寥寥无几，雨果正在发表自己义正词严的见解，朱丽叶闯了进来。看到一向谨慎的朱丽叶此刻突然变得冒冒失失，雨果知道，一定是出了什么事了。他赶紧遣散聚会人员，自己也赶紧离开，躲了起来。朱丽叶想尽办法，为雨果办到了一张护照。第二天，雨果就匆匆忙忙地离开了，甚至没有来得及和家人道别。

他来到比利时，然而，比利时当局害怕引火上身，没有接受这个法兰西的大文豪。于是，雨果只能在海峡群岛居住。海峡群岛上的日子，总是显得孤单而又宁静。在这里，雨果感受到了很多生活的乐趣。雨果从小生活在贵族的圈子中，可以说，一直过着养尊处优的生活。第一次，他真正地来到这个荒凉而又让人沉思的地方。在这里，他学会安下心来，尝试自己还未尝试过的钓鱼；尝试光着自己的脚丫，在柔软的沙滩上拾捡一个又一个的贝壳；尝试在这清澈的海边，把脚泡在海里；尝试每天坐在山头，等待看那日出。此刻的他，反而觉得无比的宁静。而这一切，都是朱丽叶几乎拼上自己的生命，给他换来的结果。1860 年，雨果在手记里回忆道：如果我被捕，枪杀我的命令在 1851 年 12 月的日子里早已经下达。我之所以此时此刻还活在人间，都应当归功于朱丽叶·德鲁埃夫人。她不惜用自己的自由和生命，换我免遭任何不测，她是怀着何等的智慧，何等的热诚，何等英勇的大无畏气概，不断地照料着我，为我找到了安全的栖身之地？这只有上帝知道。上帝会报答她的！她时刻准备着，黑夜和白天一样，在巴黎的街道上穿过夜幕独自徘徊，蒙骗哨兵，追踪间谍，在枪林弹雨下无畏地经过各条大街，她总能猜得到我在的地方。只要是救我的命，她总能找得到我。对她已经签下逮捕证，而她今天对流亡心怀热衷。她不愿意别人说起这些事情，可这应该让大家知道。也正是这件事之后，雨果的妻子曾经邀请朱丽叶来到家里，好好和她见上一面，被朱丽叶拒绝了。直到现在，雨果和朱丽叶的罗曼蒂克史，仍为人们所津津乐道。

残酷的现实，并没有让雨果低下高贵的头，一切苦难，反而让他倔强地把头扬起，顽强地和暴风雨拥抱。雨果对流亡者，下过一个定义：一个完全破产、只剩荣誉的人，一个被剥夺干净、只剩良心的人，一个彻底孤立、身边只有公道的人，一个人人摇头、只与真理为伍的人，一个被投入黑夜、只剩太阳的人，这就是一个流亡者。

所以，这段苦难，带给雨果的，是成长，是让自己如何把头扬得更高。

在这段时间，他的文学创作仍未停止：1853 年，政治讽刺诗《惩罚集》问世；1856 年，雨果出版了《静观集》。

时光匆匆，带走的是年轻时的轻狂和稚气，带来的是成熟和深沉的思想。雨果的晚年，并没有像寒冬一样，一切归于枯寂，反而再次像夏天一样，浓郁绚烂。在雨果的晚年，他迎来了创作的高峰。

1862 年，雨果时年 60 岁，已过花甲的他，给世界带来了一份贵重的礼物：《悲惨世界》问世了。这个时候他仍然处于流亡期间。

雨果写完了这部作品之后，感觉还不错，于是，他把这本书稿投递到了出版社。可是，等了好久，也没有收到出版社的回音，雨果很是焦急。因为他渴望，让世人早日看到那些挣扎在下层的人民的困难。于是，雨果便给出版社写了一封信，上面画了一个大大的“？”终于出版社有了回音，给了他一个大大的“！”这下雨果才安下心来。也正是一个月之后，这本巨著出版了。

原来，出版社在收到雨果寄来的书稿时，第一个审阅的人读了之后，立马拍了一下桌子，然后长舒了一口气，竟然流下了泪水。要知道，这可是出版社的铁血男儿！他极力推荐这本书，却因为这个书稿上写着“雨果”两个字而迟迟不敢下定决心。不过，这本书的好口碑却被传出来了。出版社的每一个人，都认真读了起来，甚至，有人竟然偷偷地抄了下来，自己慢慢地品读一遍又一遍。最后出版社决定：这样的好书必须出版。如果出版社因为害怕而屈服，就会扭曲正义，就会掩盖事实，就会让发着光的金子蒙上灰尘，这样实在不配为出版社！就这样，《悲惨世界》终于问世，我们今天也有幸品读到其字里行间的精彩。

雨果的《悲惨世界》中刻画了法国各个阶级的生活，流刑犯冉·阿让和流落街头的女人芳汀的悲惨遭遇更是体现了穷人的悲剧。因为偷一条面包救济外甥，冉·阿让被判5年徒刑。他对此很不服气，屡屡越狱，屡屡被抓，最后服了19年苦役。获释后化名马德兰来到蒙特勒小城，凭借一手办起的玻璃首饰生产工厂，10年后冉·阿让成为一名成功的商人并当上市长。

淳朴善良的芳汀生命危在旦夕，唯一的愿望就是想看一眼寄养在孟费郡客店老板德纳第家的私生女珂赛特。冉·阿让前去看望芳汀，被警长沙威挑明他的苦役犯身份。芳汀绝望地死去，冉·阿让又一次入狱，被判终身苦役。一次，他冒险救下一名水手，趁机跳入水中逃跑。他来到德纳第客店，重金赎回芳汀的女儿珂赛特，带着珂赛特连夜赶往巴黎。珂赛特以冉·阿让女儿的名义进入一家修道院，冉·阿让改名福施勒旺，在修道院当园丁。

共和派青年马吕斯在起义中负伤昏迷，被冉·阿让所救。马吕斯看上了貌美如花的珂赛特，冉·阿让成全了两个年轻人的美好姻缘。然而，当冉·阿让讲明珂赛特和自己的身世后，马吕斯却对冉·阿让拒而不见。马吕斯夫妇最终认识到了自己的错误，跪在冉·阿让的床前忏悔。这时，冉·阿让已经奄奄一息了。他让那对小夫妻吻着他的手，走向了天国。

《悲惨世界》的主题是描写人类与邪恶之间不懈的斗争，故事情节错综复杂，设计巧妙，跌宕起伏。小说描述将近半个世纪的历史过程，把广阔的社会生活画面展现了出来，其细部也真切入微，形象鲜明突出，色彩浓重瑰丽，气势磅礴浩大，堪称文学史上现实主义与浪漫主义结合的典范。作品问世 150 余年来，在时间之流的大海上傲然挺立，它是不同时代、不同国度的千千万万人民，不断造访的一块艺术胜地，而且将永远是人类文学史中一块不朽的胜地。

《悲惨世界》的创作动机，来自这样两件事实：一是一个名叫彼埃尔·莫的穷苦农民，在1801年因饥饿偷了一块面包而被判5年苦役。刑满释放后，他持黄色身份证讨生活又处处碰壁；二是雨果的好友维克多年轻时的逃亡生活。雨果为了创作这部作品酝酿和准备了20年之久，直到1845年11月开始动笔。没有想到，作品还没有写完，雨果自己也成了流亡者，并在流亡的途中完成了这部伟大作品的创作。

1870年3月，拿破仑三世垮台后，雨果终于不再漂泊，回到了阔别已久的祖国。当他的脚步踏上祖国领土的那一刻，他双手颤抖着。他看着道路两边站满了迎接他的群众。他明白，自己的努力并没有白费。人们看着雨果，也都难以抑制自己心中的兴奋。

不久，普法战争爆发了。在普法战争期间，雨果用自己激昂的爱国主义热情，投入了战斗中，并且积极发表演说，让人民振奋起来，保卫祖国，并且报名参加了国民自卫军。这个时候，雨果已经是68岁的高龄。受到雨果的启发，很多人都积极响应，也纷纷加入保卫国家的队伍。当时在法国巴黎的街头，如果随便找出一个人，问他们对雨果的看法如何，没有一个人不是满心的钦佩和赞美，他们实在是太喜欢雨果了。

1872 年，雨果的诗集日记《凶年集》发表，表达了对普法战争的看法和在巴黎公社时期的思想。

1874 年，雨果的最后一部重要的著作《九三年》发表。这本书一改以往的写作风格，他选择了历史题材，用自己生动的语言，再现了 1793 年法兰西共和国军队镇压旺岱区反革命叛乱这一重大历史事件。书中描写的内容可谓波澜壮阔，栩栩如生，引人深思。

1878 年，雨果在伏尔泰去世 100 周年纪念日时，发表了热情洋溢的演讲，人们当时怀着无比激动的心情，在台下拥趸着这个可敬可佩的老人。

1883 年，雨果完成了他花费 24 年的时间才完成的作品《世纪传说》。书中内容丰富多彩，包括圣经故事、古代神话和民间传说。

1885 年，维克多·雨果离开了这个世界。那天，天下着大雨，可是，在巴黎的街头，仍然挤满了为雨果送行的人。人们哭喊着，依依不舍地送别这个一生用自己的笔和热血奔走疾呼的战士、伟人。

雨果就这样，走完了他充满传奇色彩的一生。在雨果的一生中，他并不拘泥于一时的思想与主张，而是一直处于不断地变化之中，紧紧地追随着时代的脚步。无论是在法国的文学史上，还是世界的文学史上，雨果都始终占有一席之地。他是浪漫主义文学的倡导者，是浪漫主义文学的领袖，更是一位法国文学史上卓越的资产阶级作家。在他的作品中，无处不贯穿着人道主义的思想，充满着爱和温暖。雨果的创作时间长达60年，作品包括26卷诗歌、20卷小说、12卷剧本、21卷哲理论著，合计79卷之多，为法国文学和人类文化宝库增添了十分辉煌的文化遗产。

法国文学评论家萨特说雨果是法国“极少数的真正受民众欢迎的作家之一，可能是唯一的一位”。

法国作家罗曼·罗兰说：“在文学界和艺术界的所有伟人中，雨果是唯一活在法兰西人民心中的英雄。”

今天，雨果虽然已经离开这个世界130多年了，但是，他和他的作品仍在散发着光芒。

Chapter 9

“法国历史上最伟大的人”

——夏尔·戴高乐

法國歷史上
最偉大的人
夏爾戴高樂

2005 年，法国国家二台举行“法国十大伟人”评选，电视观众评选戴高乐为法国历史上最伟大的人。

夏尔·安德烈·约瑟夫·马里·戴高乐（Charles André Joseph Marie de Gaulle，1890—1970），法国著名的军事家、政治家、外交家、作家，法兰西第五共和国的创建者，法国人民尊称他为“戴高乐将军”。戴高乐出生于法国北部诺尔省的里尔，1912 年毕业于法国圣西尔军校，曾参加第一次世界大战，一战后历任步兵营营长、坦克团团长、第五军团装甲兵司令、国防部次长（国防和战争部副国务秘书）等职。第二次世界大战期间，戴高乐组建和领导法国临时政府，组建和领导自由法国军队，最终解放了法国。1958 年成立法兰西第五共和国并担任第一任总统。1969 年获得连任。

在总统任职期间，戴高乐提倡东西方“缓和与合作”，主张与苏联以及东欧国家进行贸易和文化交流。1964 年，戴高乐将军与毛泽东主席以超凡的战略眼光，毅然做出中法全面建交的历史性决策，在中法之间同时也在中国同西方世界之间打开了相互认知和交往的大门。他还主张美军退出越南，并周游许多国家以加强法国国际地位。

01

“一个未来的优秀军官”

1890 年 11 月 22 日，戴高乐出生在法国北部诺尔省里尔镇的一个军人家庭，他还有 3 个兄弟和 1 个姐姐。父亲从小对几个孩子严格教育，耻辱与光荣、信念与宗教、国家与民族，常常成为一家人餐桌上谈论的话题。

戴高乐是家中的老二，但却具有老大的性格。他与伙伴玩游戏，扮成不同国家的士兵打仗，他很爱国，除了当法国士兵，其余都不肯，而且他必须当统帅。有一次，戴高乐和小伙伴玩打仗的游戏，他们选择了一个地形比较崎岖的地方，他当将军，带领着他的士兵在军事阵地侦察敌情，他们的目标是抢夺插在远处的一面彩旗。“马克，你去那个大石头后面。”“约翰，等一下我带着查理冲向那所房子拿彩旗，你就负责对付那边的小胖子理查德。”就这样，小小的戴高乐在同伴中显示出了卓越的指挥天赋。最后，戴高乐带领的小队拿到了那个彩旗，以后再玩军事游戏，大家都喜欢在戴高乐的队伍中。

童年的戴高乐进入圣玛利亚学校学习，他天资聪颖，所以学习成绩非常好。他最喜欢的学科是文学和历史。这并非偶然，因为他的祖父和祖母都是文史专家，祖母的著作在今天法国国立图书馆的目录中占有 8 页。他的大伯父也是一位历史学家，二伯父则是一位昆虫学家，著有《法国膜翅目总目》，书中收进了 5000 种胡蜂和蜜蜂。他还很有艺术欣赏能力。他喜欢看诗剧，尤其是法国诗人埃德蒙•罗斯丹的诗剧。其中有一部剧的名字叫作《雏鹰》，讲述的是拿破仑的独生子壮志未酬的故事，他被流放到了奥地利，奋力地想要改变自己的命运，可不管他怎么努力，却始终没有实现理想，最终郁郁而终。这部剧给戴高乐留下了深刻的印象。他在心里想，我以后绝对不要像故事的主人公一样结束自己的一生。他告诉父亲，他要立志成为一名军人，于是一直把雏鹰的悲惨结局记在心里，时时激励自己。据说罗斯丹的有些诗剧，戴高乐都能完全复述一遍。

戴高乐不仅喜欢看剧，还喜欢具有浪漫主义色彩的诗，除了喜欢莎士比亚这种大文豪，还喜欢擅长写印度风情的吉卜林。有时候如果灵光乍现，他自己也会写点东西。可见，戴高乐还是颇有浪漫情怀的。例如他曾经写过一篇小说《德国的战役》，这与其说是一部小说，倒不如说是一本兵书。他在小说里虚构的战役中用兵遣将，规划战略，势如破竹。小说里的敌方是法国的冤家——德国，戴高乐借着小说表达了自己深深的爱国之情。他的文学造诣不仅体现在小说上，还有诗剧、诗歌等。他写的这些作品都表达了自己以身报国的愿望以及在战场上视死如归的壮烈情怀。

1907 年，因为受到激进党政府反教权政策的影响，戴高乐就读的圣玛利亚学校倒闭。于是，戴高乐的父亲就把他送到素来以教学成绩闻名的比利时安托万中学就读。安托万中学并不是戴高乐心仪的学校，他想上的学校当然是圣西尔陆军学校。其实戴高乐从十几岁开始就想进入圣西尔陆军学校，他做梦都想当一名军人。

圣西尔军校是法国最重要的军校，设在巴黎郊区的凡尔赛宫附近。这所军校要求很严格，尤其注重数学，因为数学是一个军事家必须具备的知识，分析敌情、破译密码，都离不开数学。想进入军校，戴高乐必须要把数学成绩提上来。于是戴高乐奋发图强，努力向上，积累军事知识。1909 年他终于通过考试，正式成为这所军校的一名学生。

进入军事院校，对于戴高乐来说是一个转折点。他报考圣西尔军校时，入学成绩平平，处于中等偏下，但他在军校的表现却远远超出大多数同学的水平。戴高乐的身高体型较同龄人来说偏大点。由于他身高 195 厘米，块头大，同学们私下给他取了不少外号，“大个子”“大鼻子”等。虽为学生，他却对许多政治军事问题有独到的见解。在学校里，老师和同学们都知道戴高乐学习刻苦。他钻研知识，埋头苦学，甚至吃饭喝水都在思考问题，所以戴高乐难免有些不合群。但是他不理会一切异样的眼光，专心研究战役、战略问题。连长知道他的连里有这么一个爱学习的军事人才，也很看重戴高乐，他知道戴高乐不会只满足于中士头衔，所以就没有给他这个头衔，而大部分和戴高乐同期的人都成为中士。

1912 年 9 月，戴高乐在圣西尔军校学习 3 年，以优异的成绩毕业。毕业考试成绩排名第 13，得到的评语是“一个未来的优秀军官”。

02

一战中 3 次负伤

戴高乐从圣西尔陆军学校毕业后，进入他曾经实习过的第 33 步兵团，军衔是少尉。在军队里他才能卓越，异常聪颖，忠于职守，很受长官喜爱，很快就升为陆军中尉。

1914 年 8 月，第一次世界大战爆发，戴高乐随部开赴前线作战。在战斗中，戴高乐作战英勇，奋不顾身，多次完成危险任务，不到一年就被提拔为上尉，担任连长，继而担任团长助理，同时也先后 3 次负伤。

1914 年 8 月 15 日，一战正式爆发才 12 天，戴高乐就在迪南腿部负伤。负伤后被送进医院，两个多月后才重返战场。

1915 年 3 月 10 日，在梅斯尼尔—雷斯依尔吕斯战役中，戴高乐第二次受伤，再次被送进医院。

凡尔登战役是第一次世界大战中破坏性最大、时间最长的战役。战事从 1916 年 2 月 21 日延续到 12 月 19 日，德、法两国投入 100 多个师的兵力，军队死亡人数超过 25 万人，50 多万人受伤，史称“凡尔登绞肉机”。

时任连长的戴高乐参加了这个著名战役，作战地点在杜奥蒙。

1916 年 6 月 25 日，德军用强大的火力进攻杜奥蒙要塞，已经放弃了两道防线的法国所面临的形势更为严峻。戴高乐所在的第 33 团在杜奥蒙村顽强抵抗，遏制住了德军的势头。戴高乐在战斗中与敌军拼刺刀时负了重伤，还被敌军的毒气弹毒得昏迷过去。法国部队的援军纷纷赶到，德军最终占领杜奥蒙村时，已经丧失了 4 个团。

杜奥蒙战斗改变了对法军不利的局面，凡尔登战役进入相持阶段。由于杜奥蒙村最终被德军占领，戴高乐所在的营伤亡惨重，人们都以为戴高乐已经阵亡。因此，部队发布了正式的表彰令：“戴高乐上尉，连指挥员，以其德智殊勋于世；

于其所属营已遭敌猛烈炮击而伤亡惨重，且敌人以强兵进逼之际，率部迅猛出击，拼力与敌肉搏——实为完遂其军人荣誉感之唯。上尉卒殉难沙场，诚我无双之军士也。”

幸运的是，戴高乐并没有牺牲，只是成了德军的俘虏。

戴高乐不甘心做俘虏。他曾多次试图逃跑重返前线。但他5次越狱，5次被俘，每一次都被关进堡垒或惩罚营。即使如此，他也没有意志消沉。在被关押的32个月中，他怀着雄心抱负，做了大量的军事笔记，把自己对于军事战略的心得都记下来。他每天在俘虏营里都坚持读德文报纸，从中了解战争的进程，难友们称他为“王室大元帅”。

第一次世界大战结束后，戴高乐从德国的战俘营回到了祖国的怀抱。4年的对德战争，戴高乐有一半以上的时间是在俘虏营中度过的，这对于一个血气方刚的爱国青年来说太遗憾了。可是这也让他阅历更深，世事更明，更能面对前进道路上的各种陷阱和阻碍。

1919年，戴高乐遇到了他的真命天女伊冯娜·旺德鲁。伊冯娜比戴高乐小十来岁，那时还只有17岁，稚气未脱却也正是少女芳心初绽的时候。她家世代居住在法国北方加莱地区，制作的饼干非常出名。

戴高乐家族源于一个古老的中世纪贵族家庭，早在1210年，当时的法国国王就将一块领地赐予戴高乐的先祖理查尔·

戴高乐。20 世纪前期，法国贵族家庭的婚事还是需要媒妁之言的。那天，戴高乐听说父亲找媒人给他安排了相亲，起初他是比较排斥的，他一心想着军队的峥嵘岁月，哪有闲情逸致去考虑儿女私情。可是，当他第一眼见到伊冯娜的时候，他的心跳仿佛慢了半拍。"好美啊！"他在心里想，伊冯娜卷曲散在肩头的长发、白色的连衣裙、纤细的腰肢、雪白的皮肤在阳光下就像是一个坠落凡间的天使。而伊冯娜此时也在暗暗欣喜,自己的相亲对象是如此英俊潇洒的戴高乐上尉。两颗心就这样靠近。后来他们选择了神圣的巴黎圣母院举行结婚仪式。他们互相看着，深情款款。戴高乐幸福地吻了他的新娘，他的爱人，他未来儿女的母亲，他们约定要幸福生活直到白头。婚后，他们生了 3 个孩子：儿子菲利浦，女儿伊丽莎白和安娜，家庭也是幸福美满。

后来,戴高乐被调去军校当战争史教员,但他不甘心于此,想继续深造，就继续考取了高等军事院校，进修两年。利用在俘虏期间所积累的经验和心得发明了一种战术思想，认为未来的战争必然是机械化的战争。从院校毕业以后，戴高乐在运输供给局工作了几个月，1924 年他出版了第一部军事著作《敌人内部的倾轧》。他的才能和思想受到了高度赞扬和赞赏。

1927 年，当了 12 年上尉的戴高乐被提升为少校，受令统率第19轻步兵营。

1931年，他在法国国防部总秘书处任职。

1934年，他写成《建立职业军》，在书中提出了有必要建立一支结合机动能力和毁灭性火力，既能够主动出击，又能够出奇制胜的装甲师的理论。在当时，这是一种特别富有战略意义的主张，法国人对此不够重视，却在德国则引起了极大的注意。后来，他又写了《机械部队的诞生》，强调了坦克与飞机配合作战的重要性。1940年5月10日，德国军队使用飞机与装甲车双管齐下的方法突破了法国防线，验证了戴高乐提出的理论。

1937年，戴高乐晋升为上校，出任第507坦克团团长。

在戴高乐讨论和论证军事理论的时候，欧洲的局势正在酝酿危机，德国一步步扩军备战，而法国却迟迟按兵不动。戴高乐对人民阵线政府的军事政策不是很满意，他急切想让自己的军事战略思想得到那些高级军官的赏识并采纳，但自己人微言轻，官职不高，并没有多少人在意他的观点。

03 领导法国反法西斯战争

1939 年 9 月，第二次世界大战爆发。

戴高乐被任命为第五军团装甲兵司令，赶到阿尔萨斯指挥驻扎在那里的装甲部队。随后，他指挥第四装甲师，在蒙科尔内和拉昂大获全胜，并于 1940 年 5 月 27 日至 30 日在阿布维尔阻断了德军进攻。他因此受到部队嘉奖，被称为“勇敢果断的杰出指挥官”。

戴高乐深深认识到法国军队的数量不能和德国对抗，因此主张建立一个战斗力极强，但人数不多的精英战队，来与之抗衡。然而，此时的法国，时局正急转直下。法国政局发生了急剧而带有戏剧性的变化。雷诺政府的贝当、魏刚及达拉第一伙成为十足的失败主义者、投降派。1940 年 6 月 5 日，总理雷诺改组政府，任命戴高乐为国防和陆军部次长。这是他首次担任政府官职。临危受命的戴高乐认为，必须通过抵抗来挽救危亡。为了争取英国的支持，他决定亲自去见见英国丘吉尔首相。1940 年 6 月 9 日，他与丘吉尔举行首次会谈。戴高乐的英语不太好，刚到英国时，甚至连一句完整的句子都说不出来，发音也不是很标准，他只能靠着翻译来维持和丘吉尔的交谈，得到的结果也不是令人满意，不得不悻悻而归。

6 月 17 日，戴高乐送英国的斯皮尔斯将军回伦敦。就在飞机起动之际，他突然随飞机开始奔跑。考虑国内的危机，他想再去伦敦寻求支持。那时飞机也小，戴高乐身高腿长，几步就追上了。斯皮尔斯将军恍然大悟，迅速用手抓住戴高乐的胳膊。飞机腾空而起，而戴高乐的腿还在空中乱蹬呢。在场的其他法国官员惊得目瞪口呆。当天晚上传来消息，贝当已经向德国入侵者求降。

在戴高乐计划飞往伦敦会见丘吉尔时，法国国内动荡不安，政府多次搬迁，先迁往图尔，然后又迁往波尔多，法国政府乱作一团。这时，副总理贝当和总司令魏刚等投降派在政府中占了上风，当德军逼近巴黎时，他们不组织抵抗，宣布巴黎为“不设防城市”，拱手将巴黎让给了敌人。随后，雷诺政府垮台，贝当出任总理，向德国宣布无条件投降，法军全部解除武装并交出武器。法国北部由德国直接占领，南部由贝当傀儡政府管辖，首都设在维希，史称“维希法国”。法兰西第三共和国到此结束。

早前，戴高乐与丘吉尔经过商议，英国提出有条件地对法国实行救援，丘吉尔希望法国依靠海军力量坚持在南方作战，甚至在北非作战，不赞成法国与德国单独签订和约，尤其要保证不能让军舰落在德国人手里。然而，经过多次会晤商讨，法国政府还是决定投降。

看到大势已去，戴高乐决定离开法国，飞往伦敦。他带上妻儿，决定继续战斗下去，并计划只要贝当一公开宣布投降，他就向全世界宣布自由的法兰西将继续战斗。他认为无论发生什么情况，法兰西抵抗的火焰绝不应该熄灭，也绝不会熄灭。

贝当宣布停战之后，戴高乐于 1940 年 6 月 18 日在丘吉尔的同意下，在英国广播电台（BBC）发出抵抗号召。他的讲话，由播音员重新诵读，并在第二天的报纸上进行了转载。就这样，戴高乐在伦敦树起了第一面法国反抗德国法西斯的旗帜。1940 年 6 月 28 日，英国政府宣布承认戴高乐为“自由法国”的领袖。戴高乐组织的武装力量被称为“自由法国军队”。同年 8 月 7 日，“自由法国”与英国签订协议。根据这份协议，“自由法国军队”在英国军队中不属于外籍兵团，拥有自己的国别和独立性。

虽然有来自英国的大力支持，但戴高乐明白不能完全依赖英国实现法国反抗法西斯的愿望，还是要到非洲殖民地寻找更加广阔坚实的天地，建立一个“自由法国”。他亲自去非洲各国游说，1940 年法属赤道非洲（加蓬除外）和喀麦隆投向“自由法国”。阿尔及利亚首都阿尔及尔，成为新的法兰西民族解放委员会的诞生地。1943 年 6 月 3 日，戴高乐和他的盟友在阿尔及尔宣布，法兰西民族解放委员会在此地重组，该委员会将成为“法国中央政权”，它将在敌方势力范围之外的所有领土上行使法国主权，指引法国战争，努力并控制全部的法国反法西斯军队战斗。

戴高乐慧眼识英雄，结识了一位得力助手——让·穆兰，他对戴高乐的胜利起了极大的推动作用。如果少了他的帮助，戴高乐领导“自由法国”军队的过程会十分艰难，反抗法西斯，走向法国独立的道路也会曲折许多。戴高乐给了他两大任务：第一，尽可能地把法国国内的反法西斯组织统一起来，收归戴高乐的旗帜下；第二，在国内组织一支秘密的武装部队，战争一旦打响，希望里应外合一起配合盟军对抗法西斯分子。他的卓越才能吸引了众多有识之士，为戴高乐赢得了许多人的拥护，提高了戴高乐在法国国内的影响。

这时，世界反法西斯的主要盟国美国和英国打着各自的小算盘。美国总统罗斯福想把戴高乐置于法国抗战队伍之外，英国首相丘吉尔则想让戴高乐留在伦敦做他的傀儡。不曾想，戴高乐可不是他们的囊中之物。他始终抱着为法国的独立而献身的思想，要以战胜者的名义凯旋回国。虽然在内部还夹杂着法国当局政府的压迫和制约，时势造英雄，戴高乐不畏艰险，一步一步地让法国走出了一条涅槃重生的道路。

戴高乐完成了在法国具有转折意义的3件大事：第一，从法国沦陷的那天起，他孤身一人，挑起抗战的大旗，向法国人民发出反抗法西斯的战斗号召；第二，他始终代表着人民的利益，经过游说非洲许多地区，赢得了当地众多军政人物的支持；第三，在此基础上，戴高乐在不长的一段时间内组建了一支拥有海军、陆军和空军的自由法国军队，与法西斯军队展开了一场场较量。他的理想、抱负和文韬武略在年近半百的时候终于得以实现，一生大起大落只为国家力挽狂澜，终于能为法兰西的独立事业施展才华，奉上一份力，成为一位应运而生的法国将军。

1944年6月，戴高乐当选为临时政府总理，成为当时法国的最高领导人。

1944年8月26日，戴高乐凯旋巴黎。当他到达凯旋门时，欢迎的人们挤满了大街小巷，成千上万的市民向他欢呼。他激动得两眼泛着泪光，用力挥起手臂向巴黎人民致意。这是他一生梦寐以求的愿望，时时刻刻都在期望着这一刻，他终于实现了自己的理想抱负。戴高乐热情呼吁全民族人民团结起来："法兰西的所有儿女，应当像兄弟一般携手并进，奔向法兰西的目标。"

04

创建法兰西第五共和国

战后初期的巴黎，满目疮痍，到处废墟一片，人民居无定所，粮食燃料极为短缺，人民生活困难。这种景象，让戴高乐心急如焚。为了使法国尽快摆脱困难的处境，治好长期战争给整个民族带来的创伤，就必须快速发展经济，让人们不再为温饱而担心。为此，戴高乐先迅速发展工农业生产，借助国有化政策推动工业发展，把资金掌握在政府手中，另外还制定社会福利政策，缓和社会内部人民矛盾。

经济问题虽然严重，但还不是最棘手的方面，最让戴高乐头疼的是政治方面的事情。在进行反法西斯的斗争中，戴高乐领导的“自由法国”与内地的抵抗运动的关系日益紧密，在法国还成立了全国抵抗运动委员会，代表所有不同党派、工会和抵抗力量，以协调针对占领国和法国维希政府（投降德国的傀儡政权）的斗争，最终解放全部法国领土。尽管戴高乐作出各种保证，一些盟国仍然拒绝承认戴高乐为法国合法代表，因为他的权利不是来自法国人民的选举。直到 1944 年 10 月 23 日，巴黎解放后三个月，临时政府才终于被美、英、苏三大强国承认。现在，戴高乐虽然已经回到国内，国内各政党矛盾还是非常尖锐，形势的发展已经不在戴高乐的掌控之中，愈演愈烈，与他的政治理想抱负相去甚远。他想把之前零散的军队和抵抗组织集中起来，建立一个统一的临时政府，但这难免会得罪许多政党领导人。戴高乐本人并没有一个可以依靠的政党，仅依靠个人的威望，想要巩固领导人的地位十分困难。1946 年 1 月，因为对多个政党组成的联合政府极为不满，戴高乐宣告辞去职位回乡下养老。

其后 10 余年间，戴高乐一直过着隐居生活，与世无争，但却一直在总结过去，规划未来，等待再一次的“召唤”。1946 年 6 月，他陈述了他主张的宪法草案，强调加强行政权力，权责明确分开。9 月，国民议会没有通过他的建议。1947 年 4 月，他发起成立法兰西人民联盟，在秋季市政选举中一举获得成功。1951 年因在选举中没有获得足够席位，因而从 1953 年至 1955 年间逐步停止了法兰西人民联盟的活动。但这些经历培养和团结了许多戴高乐的追随者。戴高乐认为第四共和国很快就会垮台，人民会重新需要他。在野期间，戴高乐一面撰写回忆录，一面关注着法国政局的发展。

法国政府的情况越来越糟糕，长期的殖民战争让国库几乎空虚、国内反对战争的声音四面迭起，国内外势力相互较量，导致法国第四共和国政府频繁更换，政局动荡不安，来自各界的许多政治要人都希望戴高乐复出。戴高乐感到如今这个情势，是该他出山的时候了。1958 年 5 月 15 日，长期沉默不语的戴高乐发表了一个声明，向全国人民表明他已经做好了接管共和国权力的准备。6 月 1 日，戴高乐作为第四共和国的末任总理再度当政。同年 12 月 21 日被选为法国总统，1959 年 1 月 8 日宣布就职。法国从此进入了第五共和国时期。

当时，法国军队陷入了阿尔及利亚战争的泥潭中，戴高乐决心甩掉这个包袱，允许阿尔及利亚独立。他采取全民表决的形式，结果 70% 以上的选民投票赞成赋予阿尔及利亚以自决权。随后，戴高乐制服了驻阿尔及利亚的法军高级将领的叛乱，避免了法国内战，和平地完成了法属非洲的非殖民化。

军队中的一些极端分子不能饶恕戴高乐这种“抛弃我们的阿尔及利亚兄弟”的“出卖行为”，转入暴力和恐怖行动，发动了至少 4 起暗杀戴高乐将军的事件，其中的两次已经付诸行动。戴高乐经历了几次谋杀，险些丧了命。但他不惧危险，坚持走自己的路，履行自己的职责。他连续当了两届总统，兢兢业业，为法国的富强独立而努力。1960 年 3 月，法国制造了自己的原子弹，逐步发展了独立的核威慑力量。戴高乐倡导东西方“缓和与合作”，积极推动中法建交，法国是第一个和中国建交的欧洲国家。他不仅是杰出的外交家，而且是外交战略家。1962年8月，戴高乐提出采用普选方式直接选举共和国总统。10月在全民投票中获得通过。1965年，法国举行首届总统普选，戴高乐再度当选共和国总统。直到79岁下野，他拒绝享受离任总统的优厚薪俸和豪华住房，只带走了两个常年使用的书柜，所以说，戴高乐才是真正的淡泊名利的一代伟人。

05 与拿破仑齐名

有人说，法国历史上出现过两位真正的伟人，一位是众所周知的拿破仑·波拿巴，他凭借一把利剑征服了西方世界，几乎统一欧洲，为法兰西帝国拓展了疆土，树立了威望；另一位就是此文的主人公夏尔·戴高乐，他性格刚正不阿，才能出众，拥有灵活的思维和深远的谋略，在法西斯入侵的重重危机面前，保卫了法兰西的尊严和利益，并为法国在战后重新获得大国地位做出了重大贡献。戴高乐不仅维护了法国的独立和主权，提高了法国的国际地位，而且对西欧其他国家如何在国际事务中发挥自己的独立作用也产生了不容忽视的影响。当时英国人崇拜莎士比亚，意大利人偏爱达·芬奇，法国人独尊戴高乐。至今，法国的街道、广场、建筑物，很多都以戴高乐命名，可见法国人的“戴高乐情结”一直延续不断。

在法国历史上，戴高乐留下了至今被法国人奉为瑰宝的“戴高乐主义”。从士兵到将军，戴高乐经历了两次世界大战，为法国的独立和人民的解放奋战；他心怀人民，时刻以法国人民的利益为重；他反对美国的霸权，不能容忍超级大国的主宰和控制；他清廉一生，淡泊名利，荣誉于他只是浮萍，他心中只有法国。

戴高乐主张东西方“缓和与合作”，出访苏联和东欧国家，开始与苏联和东欧国家进行贸易和文化交流。1964 年 1 月，法国不顾美国和其大多数盟国只承认台湾国民党当局这一情况，宣布同中华人民共和国建立外交关系。法国由此成为西方国家中最早和新中国建立正式外交关系的国家。戴高乐在记者招待会上表示：“法国不得不考虑这样的事实，在亚洲，没有中国的参加，就不能办成任何大事。”

戴高乐十分向往中国，盼望着与毛泽东主席见面，他知道毛泽东是二战中东亚战场的灵魂人物，所领导的军队是牵制日军的主要力量，对二战的胜利起到了无可替代的作用。但是，由于各种原因，两大伟人没能见面，真是一大憾事！

他辞去总统职务之后，就安心居住在自己的老家，潜心撰写回忆录。对他来说回忆自己的一生是种享受。他怀念那段革命激情的岁月。戴高乐性格倔强，分文不取政府发给他的退休金，拒绝住进政府安排的房子。他觉得让别人去安排自己、赡养自己，对于一个历经大风大浪的人来说，实在是一件不合适的事情。他就依靠自己写作赚来的稿费度日。

1970 年 11 月 9 日，戴高乐因心脏病发去世。戴高乐在他 1952 年就已经写好的遗嘱里特别交代，葬礼仪式要求极其简单，他不要举行国葬，不要请总统、部长、议会代表团和公共团体代表参加。“拒绝接受给予我的任何称号、晋升、荣誉、表彰、勋章，不论是法国的还是外国的。授予我上述任何一项，将违背我的最后愿望。”即使在生命的最后，他还是想安静地走，这再一次体现了他的胸襟。

安葬的那一天，4 万多名法国人自发来到村庄里向这位法国的伟人表达最后的敬意。那天下着雨，到处都是悲伤的气氛。人们无法接受他们的英雄去世。在科龙贝教堂为将军举行葬礼的同时，巴黎有50万的群众冒着秋雨自发涌上街头，聚集到凯旋门广场。伴随着马赛曲，群众流着眼泪，对戴高乐将军的逝世表示深切的哀悼。第二天，巴黎市议会决定把凯旋门所在的星形广场改名为夏尔·戴高乐广场。这可以说是向拒绝任何荣耀的领袖授予“荣誉”的一种最好方法。

戴高乐将军有一句名言：“每当历史最恶劣的时候，我的义务就是把法国的责任担当起来。”他用一生的奋斗履行了自己的诺言。戴高乐将军不仅是法兰西民族的自豪，也是全人类的骄傲。

一带一路

Chapter 10

第一个两获诺贝尔奖的人

——玛丽·居里

第一个两获纳贝尔奖的人
玛丽、居里
吴泽浩

听到“癌症”这个词，人们都会不由自主地打个哆嗦。可在 100 多年前，一位伟大的女科学家历经千辛万苦，从一堆一堆的废渣中提炼出了一种物质，可以治疗癌症，那就是镭。而这位科学家就是鼎鼎大名的居里夫人。

玛丽·居里（Marie Curie，1867—1934）原名玛丽亚·斯克沃多夫斯卡（波兰语：Marie Skłodowska），波兰裔法国科学家，因嫁给皮埃尔·居里而称为居里夫人。居里夫人出生于当时沙俄统治下的华沙一个教师家庭。自小就勤奋好学，16 岁时以金奖毕业于中学，后来曾做家庭教师。24 岁时追随姐姐布洛尼斯拉娃至巴黎索尔本大学理学院读书，1893 年和 1894 年分别毕业于物理系和数学系，并取得学士学位。以后一直在巴黎从事科学研究。她是巴黎和华沙“居里研究所”的创始人，是学术界的奇才，发现了镭和钋 2 种放射性元素。在她的指导下，人们第一次将放射性同位素用于癌症治疗。1903 年她和丈夫皮埃尔·居里及安东尼·亨利·贝克勒尔共同获得了诺贝尔物理学奖，成为世界上第一位获得诺贝尔科学奖的女科学家。1911 年，她又因放射化学方面的成就获得诺贝尔化学奖，成为世界上第一个两次获得诺贝尔科学奖的人。她的长女伊雷娜·约里奥·居里和长女婿弗雷德里克·约里奥·居里于 1935 年共同获得诺贝尔化学奖，再次书写了科学史上的佳话。接着，次女艾芙的丈夫也以联合国儿童基金组织总干事的身份荣获 1956 年诺贝尔和平奖，她们这个大家庭一共获得 4 个诺贝尔奖，真是史无前例。

01 波折之路独自前行

1867 年 11 月 7 日，玛丽·居里出生于波兰王国华沙市。父母都是有学问有知识的人，父亲曾任职于圣彼得堡大学，后来又回到华沙教数学和物理，母亲是一所寄宿学校的校长。居里夫人是家里最小的孩子，上面有 1 个哥哥和 3 个姐姐，母亲亲昵地唤她玛妮雅。

从小玛妮雅好学的天赋就显露出来。有一次在乡下，姐姐布罗妮雅正在父母面前磕磕绊绊地读一段很简单的文字，玛妮雅心想这么简单的文字，我应该都会读，于是她从姐姐手中拿过那本书，十分流利地就读完了那段文字。父母顿时就惊呆了，布罗妮雅则委屈得哭着鼻子跑了。这是一个不到 4 岁的孩子做出的事情。上学后，她在班里的成绩也是分外突出，数学第一，物理第一，法文第一，所有科目几乎全是第一。

生活并非像玛妮雅的学习成绩那样美好，几年里种种不幸的事情，接连打击着玛妮雅一家，有如一场噩梦。先是父亲带母亲去看病，一年之后，母亲苍老憔悴的模样让孩子们已快认不出来。紧接着父亲被降职，房子被撤销，工资减半；再加上投资了一笔生意，血本无归，只能举家搬迁。最可怕的是玛妮雅 10 岁那年，大姐素希雅夭折，紧接着母亲去世。

生活是残酷的，所幸的是玛妮雅这个小姑娘没有被打倒。她在学习的时候非常专心，两耳不闻窗外事，一心只读自己的书。就算是在菜市场读书，她也能做到一丝不苟，任何事物也不能分散她的注意力，她仿佛自带屏障，学习的时候就把自己隔离开来。有一次，玛妮雅独自在看书学习，她姐姐和同学在她面前唱歌、跳舞、玩游戏，发生的动静如此之大，玛妮雅就像没看见没听见一样，在一旁专心地看书。调皮的姐姐想起了一个恶作剧想打扰她一下，姐姐和同学们就蹑手蹑脚走到玛妮雅身后，搭起了几张凳子，凳子搭得十分不稳定，所以只要玛妮雅稍微一动，凳子就会“啪”地倒下来。过了很长时间，玛妮雅终于读完了一本书，凳子仍然立在那儿没有倒下，姐姐和同学们都等得不耐烦了。从此她们再也不逗她了。而且受她影响，都立志专心读书，认真学习。

16 岁时，玛妮雅以优异的成绩从中学毕业。她觉得自己已经长大了，可以为家庭减轻点负担，于是她找了份很辛苦的工作——当补习教师。她还参加了“流动大学”的定期聚会,就是一些有识之士给想学习更多知识的青年授课的活动，这些都是秘密进行的。流动大学的任务，是传播知识，从而让这些来流动大学学习的人再进一步将知识传播出去。

18 岁那年，玛妮雅向父亲告辞，去普沙兹尼西附近的一位先生家里当家庭教师。这一次运气不错，这一家的主人都比较和善。玛妮雅自幼独立自主，很有自己的思想。她想着，村里的儿童大部分不识字，进过学校的人少之又少，如果她能给孩子们秘密教授波兰文课程，使这些无知的孩子们感受到自己民族语言和民族历史的美，那该多么好！她冒着可能会被人揭发被流放的风险，开始了自己的秘密教学之路。在这个时期，玛妮雅少女情窦初开，遇到了初恋，又因身份、财富和地位的差异被迫分开。后来她也就放弃了那份工作回到了自己的家。

回到家之后，玛妮雅希望能到法国巴黎去求学，那里有她的一个姐姐。她带着行囊，奔赴远方。

02

破除万难巴黎求学

玛妮雅生活的那个时代，波兰反复被俄国、普鲁士、奥地利争夺，并主要由沙俄统治。因而充斥着“沙皇、放逐、警察”这些字眼，每每听到这些，她就会惊恐万分。

1891 年 9 月，玛妮雅终于走上了追求梦想之路，奔向那个相对充满自由的国度——法国。到达巴黎，她一下火车，呼吸到的仿佛都是自由的气息，让她感觉神清气爽。她此行的主要目标是进入一所著名的大学——索尔本大学深造，这所大学被形容为“宇宙的缩影”。她坐着公共汽车向着大学的方向驶进，心情忐忑，她就要进入梦想的宫殿了。那时，她给自己改了名字，不是玛妮雅，也不是玛丽亚，她在入学注册单上信心满满地用法文写上玛丽·斯可洛多夫斯卡，她要以一个全新的面貌来生活，追求自己想要的东西，她内心的快乐无法形容。

她暂时居住在姐姐布罗妮雅家里，她很羞涩，平时不与法国人交朋友，只和自己的同胞结交，也不太出门社交，同时自己的经济情况也不允许她这样做，每个月只有父亲给她的 40 卢布。她只想每天都好好听课，学习知识，赶紧获得学位证，实现自己的梦想。她无暇顾及其他。雪上加霜的是，由于某些原因，姐姐家不能再住，她就得自己找房子搬出去，房租和伙食又增添了她一笔负担。一个月 40 卢布合算下来每天是 3 法郎，极少的生活费让她更加地沉默寡言，不结交朋友，不经常参加朋友的聚会，因为那些都是要花钱的。她也不喜欢与别人接触，过着一种孤独又不近人情的生活。她租了一间很便宜的房子，一个极小的黑屋子，没有灯，没有水，从不自己做饭，甚至连一口肉都不吃，仅靠黄油面包填充饥饿。原本身体健康的她后来变得憔悴不堪，她的求学之路就是在这种艰苦的日子中度过的。

在刚到大学上课的时候，玛丽就遇到了很多困难。首先是语言。在法国，教师当然用法文讲课，玛丽虽然懂得法文，但有时候老师讲得太快的时候，她仍然听得不是很明白，如果听课期间有间断，后面的课难免会受影响；其次她过去自学获得的知识比起在巴黎上学的毕业生的水平还是有很大差距的。这些学生都是通过系统的学校教育毕业的，而自己只是自学了皮毛，知识都很肤浅。她知道自己在数学及物理知识方面很欠缺，于是告诉自己必须要加倍努力学习。每天上课，玛丽总是到得最早走得最晚，她总是坐在离教授最近的座位上，摊开笔记本，聚精会神地听讲，以至教授对她的印象也很深刻。玛丽算得上是个标致的美人，在学校里，不少男孩都想和她搭讪，对她非常友好。美丽又智慧的女孩当然会有众多的追求者，但是玛丽始终认为自己不是来谈恋爱的，而是来学习的，所以她总是和他们保持距离，一心埋头于自己的学问。功夫不负有心人，一年多的埋头苦学，终于有了好的结果。1893 年，玛丽获得了物理学学士学位，而且还是以第一名的成绩获得的。

她意识到一个学位证是不够的，不仅要攻破物理学学位，还要获得数学学位，这意味着又是一大笔费用。正在玛丽为自己返回巴黎的费用发愁时，她遇到了以前曾多次照顾过她的迪金斯卡女士。迪金斯卡女士认为玛丽是个勤奋努力、很有上进心、有智慧的女孩。她通过多方渠道找办法，为玛丽争得“亚历山大奖学金”，这笔钱足够她一年多的生活费。“亚历山大奖学金”无疑是雪中送炭，它使玛丽能够继续在索尔本大学学习，实现她崇高的理想。玛丽十分感激，无以言表，感觉自己继续求学的梦想就要实现了。玛丽再度回到学校继续学习，她没有忘记迪金斯卡的恩情，她知道唯有好好学习，取得学位，才能报答迪金斯卡女士。她开始夜以继日地研习数学。终于，她于第二年以数学第二名的成绩毕业，并获得学士学位。几年之后，国家实业促进委员会委托玛丽做一项专门研究，她还记得自己当年受到过的帮助，她从这笔研究经费中节约出600卢布，送交“亚历山大奖学金”委员会的秘书。这位秘书很是吃惊地看着这个倔强又懂得感恩的玛丽，心中很激动，因为这么多年，从来没有听说会有人归还奖学金。

在巴黎求学的4年里，玛丽始终践行自己的原则，以坚韧的毅力过着一种贫苦而又高尚的生活。为了能念书，她当过清洁工，她时常几个星期只啃干面包，克服了正常人难以想象的巨大困难。在寒冷漫长的冬季，玛丽住在顶层又冷又黑的阁楼中，为省钱而舍不得生火取暖。因为冷得根本无法入睡，她就只能从箱子里拿出所有的衣服都穿在身上或盖在被子上。生活的种种困难不能阻挡她对科学知识无止境的追求。正是这种渴求使她能暂时忘记物质生活上的困苦，好像被一种神奇的力量驱赶着，在科学的海洋里遨游，永不疲倦，永不停歇。为实现自己的梦想，她放弃了一般年轻女孩在这个年纪该有的快乐享受，过着常人无法想象的枯燥生活。围绕在她头脑中的只有学习和工作。她对自己的要求始终很高，她不断鞭策着自己在科学研究的道路上越走越远、越走越高。

03

爱情与事业双丰收

在巴黎求学过程中，玛丽本来已经把恋爱和结婚从她的生活计划中去掉了，没想到，一次偶然机会，却成就了玛丽的一生幸福。这一切仿佛都是早已安排好的缘分。那时，一个波兰人，福利堡大学的物理教授——科瓦尔斯基先生和他的妻子旅居法国。玛丽当时在做一个实验，但是苦于没有实验室，经过科瓦尔斯基先生的介绍就认识了之后的丈夫——皮埃尔·居里。1894年，那是他们第一次见面，皮埃尔·居里站在落地窗旁似乎正在思考什么，修长的身姿，炯炯的目光吸引了玛丽。当时他已经35岁，但是却还是一副年轻的模样。虽然第一次见面但两人交谈甚欢，他们谈人生，谈科学，谈理想，仿佛有说不完的话，两人的人生观、价值观、世界观竟都如此合拍。

一切都是那么自然，顺理成章。皮埃尔·居里问玛丽以后的打算，玛丽说等学业完成之后就要回到华沙教学，让自己成为有用的人，决不能抛弃自己的国家。皮埃尔·居里十分惊讶地听着玛丽谈她的爱国责任，不知所以地心里泛起一丝丝忧愁：他是一个法国人，要留在法国，可是她却要回波兰，重要的是他想和她在一起。几个月过去了，他们之间的友谊增加了，亲密的程度加深了，互相爱慕的程度也加深了。皮埃尔·居里敞开胸怀向玛丽说明爱意，可是玛丽顾虑太多，如果嫁给一个法国人，就要永远离开自己的国家，抛弃波兰。在她看来，这实在是一种令人憎恶的叛国行为。于是她一开始拒绝了皮埃尔。皮埃尔始终没有放弃追求，玛丽已经把他的心带走了。他多次写信给玛丽，并找玛丽的姐姐当说客。10个月后，固执的玛丽才答应和皮埃尔在一起。玛丽也是深深爱着皮埃尔的，所以她才会不顾一切和他在一起，成了后来的居里夫人。

1895 年，玛丽·斯可洛多夫斯卡和皮埃尔·居里结婚，从此玛丽被冠以夫姓，名为玛丽·居里，大家都叫她居里夫人。他们的新房里只有两把椅子，正好一人一把。有一天皮埃尔·居里说：“玛丽，你说咱们家的椅子是不有点少？都不够客人坐了。”居里夫人却说：“出于礼貌，让客人坐下是应该的，但是客人坐下来就会聊很久不走。我想，我们应该多一点时间搞研究，还是别买椅子了吧。”这个年轻的妻子，一边料理家务，一边潜心研究，在十分简陋的实验室里，这个女学者却做出了近代科学史上最重要的发现。

此后，夫妻俩齐心，一同生活，一同做实验、搞研究。直到 1896 年，法国物理学家亨利·贝克勒尔发现了放射线元素，成就了科学界的一大发现。他通过多次实验发现的铀元素，铀及其化合物具有一种特殊的本领，它能自动地、连续地释放出一种人的肉眼看不见的射线，这种射线和一般光线不同，能透过黑纸使照相底片感光，它同伦琴发现的伦琴射线也不同，在没有高真空气体放电和外加高电压的条件下，却能从铀和铀盐中自动发生。铀及其化合物不断地放出射线，向外辐射能量。这使居里夫人发生了极大的兴趣。这些能量来自什么地方？这种与众不同的射线的性质又是什么？居里夫人决心揭开它的秘密。1897 年，居里夫人选定了自己的研究课题——对放射性物质的研究。

这激发了居里夫人极大的好奇心，有关物理学方面的哪怕一点点的突破或者可能性都能让她欣喜不已。她想进一步去发现、去研究、去探索。她觉得这绝对是个特别好的研究课题，就同丈夫皮埃尔商量一下他们的计划。他们夫妻相处得十分融洽，相敬如宾，什么事情都一起商量，一起做决定，往往一个眼神便心领神会。

果不其然，他们总能想到一块去。皮埃尔说，这个课题选得很好，放射线元素前年才发现，他觉得可能还没有人研究。如果发现这种射线的性质和来源，那么就可以写出一篇出色的论文。不过，这是一件艰巨而又漫长的事情，并且困难重重。居里夫人笑道，不要紧，有皮埃尔这样一位尊敬的老师合作，就一定会成功。他们夫妻间正是通过这种亦师亦友的密切关系维持着热情不减。皮埃尔东奔西走，运用各种人脉关系，在他原来工作过的理化学校借到一间又寒冷又潮湿的小工作间。实验室里实验仪器特别少，屋顶漏雨，墙壁漏风，条件特别糟糕。但是居里夫人毫不在乎，只要能让她专心做实验就行。

在实验研究中，居里夫人设计了一种测量仪器，不仅能测出某种物质是否存在射线，而且能测量出射线的强弱。她经过反复实验发现：铀射线的强度与物质中的含铀量成一定比例，而与铀存在的状态以及外界条件无关。

居里夫人对已知的化学元素和所有的化合物进行了全面的检查，获得了重要的发现：一种叫作钍的元素也能自动发出看不见的射线来，这说明元素能发出射线的现象绝不仅仅是铀的特性，而是有些元素的共同特性。她把这种现象称为放射性，把有这种性质的元素叫作放射性元素。它们放出的射线就叫“放射线”。居里夫妇废寝忘食，夜以继日，按照化学分析的程序，分析矿石所含有的各种元素及其放射性，几经淘汰，逐渐得知那种制造反常的放射性的未知元素隐藏在矿石的两个化学部分里。经过不懈的努力，1898 年 7 月，他们从其中一个部分寻找到一种新元素，它的化学性质与铅相似，放射性比铀强 400 倍。玛丽给这一新元素命名为钋（pō）。以此纪念她念念不忘的祖国，那个在当时的世界地图上已被俄、德、奥瓜分掉的国家——波兰。为了表示对祖国的热爱，玛丽在论文交给理科博士学院的同时，把论文原稿寄回祖国,所以她的论文差不多在巴黎和华沙同时发表。她的成就为祖国人民争得了骄傲和光荣。

居里夫人在进一步的研究中发现，可能还会存在一种物质能够放射光线。这种光线比钋放射的光线还要强得多。1898 年 12 月 26 日，居里夫人完成了近代科学史上最重要的发现之一——发现了放射性元素镭。她初步把它命名为

“镭”，因为在拉丁文中，镭的原意就是“放射”的意思。皮埃尔也同意这种见解，可是当时有很多科学家并不相信，往往新事物都没那么容易被接受，都要经过反反复复的实验和论证，才能得以问世，被人承认。

当拿到了一点点新元素的化合物时，他们发现原来所做的估计太乐观了。事实上，矿石中镭的含量还不到百万分之一。只是由于这种混合物的放射性极强，所以含有微量镭盐的物质表现出比铀要强几百倍的放射性。为了证明自己的实验结果，即为了得到镭，居里夫妇就必须从沥青铀矿中分离出镭来，那么他们就需要足够多的沥青铀矿。但是这种矿，他们根本买不起。后来，他们偶然间得到了奥地利政府赠送的一吨已提取过铀的沥青矿的残渣，便开始了提取纯镭的实验。

在这间破烂不堪的小黑屋里，居里夫妇要把上千公斤的沥青矿残渣，亲手一锅锅地煮沸，还要用棍子在锅里不停地搅拌，这需要很大的力气和精力；要搬动很大的蒸馏瓶，把滚烫的溶液倒进倒出。累了就在桌子上趴着眯一会，常常累到昏倒了，等到醒来就接着干。居里夫妇一多半的时间都在实验室度过，夜以继日，不辞辛劳。他们每天做的工作已超出了一个正常人的极限。皮埃尔全身疼痛，玛丽明显地消瘦了，经过几万次的提炼，直到 1902 年，他们终于成功地从 7

吨沥青铀矿的炼渣中提炼出了 0.12 克氯化镭，接着又初步测定了镭的原子量。发现了镭，又因为镭具有强大放射性，那些繁殖快的细胞，一经镭的照射很快都被破坏了，所以镭又被发现有治疗癌症的特殊功效。镭价飞涨，一些好友劝居里夫妇申请专利，有了这项专利权，居里夫妇就将富甲一方。但是，皮埃尔说：“这样做是不合理的，镭虽然是我们发现并提炼出来了，但是它应该是属于全世界的，我们不能以赚钱为目的而占有它。”居里夫人只是相视一笑，露出很欣慰的表情，这非常符合居里夫妇的一贯作风，他们从来都是淡泊名利，为全人类的福利进行科研而不求回报的。

可是好景不长，上天也嫉妒这对恩爱夫妻，1906 年，皮埃尔·居里在一场意外的车祸中丧生。居里夫人极为哀痛，丈夫就像是玛丽的翅膀，帮助玛丽在科学无垠天空飞翔，失去丈夫的玛丽就像断了飞翔的翅膀。但是，这份苦痛最终化作玛丽继续前行的强大动力,她从未动摇过献身科学的意志，她决心把与丈夫共同开拓的科学事业进行下去，带着丈夫的那份梦想一起前行。玛丽把对科学的爱和对于丈夫的爱融合在科学研究中，强制自己过一种紧张的生活。后来居里夫人把全部时间都用在实验研究上，在一间破旧的储藏室里，进行纯镭提炼工作。经过几年艰苦的实验，1910 年，居里夫人终于成功地分离出金属镭，分析出镭元素的各种性质，精确地测定了它的原子量。同年，居里夫人出版了她的名著《论放射性》，并出席了国际放射学理事会。会上制定了以居里名字命名的放射性单位，同时采用了居里夫人提出的镭的国际标准。

俗话说，科学改变世界，科学技术是第一生产力，镭的发现，推动了科学技术的前进，引起了科学乃至世界的巨大改变，为人类探索原子世界的奥秘打开了大门。大家都知道镭是一种化学元素，能自然发光发热，能量巨大，将来合理利用将会造福人类，还能用来治疗难以治愈的癌症，镭被誉为“伟大的革命者”。

居里夫人晚年的时候在镭学研究院工作，她毫不吝啬地将自己毕生所知都传授给热衷于科学事业的莘莘学子，从不会因为国别不同而有所偏见。科学是没有国界的。在她培养的许多优秀科学家中，有中国的放射化学创始人郑大章和物理学家施士元教授。不幸的是，由于长期受到放射性物质的严重损害，居里夫人患了白血病，在 1934 年 7 月 4 日与世长辞。

04

居里夫人的 3 克镭

居里夫人一生曾拥有过 3 克镭，这 3 克镭，展示了一位科学家伟大的人格。居里夫人的 3 克镭，第 1 克是自己提炼出来的；第 2 克是美国记者麦隆内夫人在全美妇女中奔走宣传，美国公众捐献给她的；第 3 克也是美国公众为了方便居里夫人做实验捐献给她的。

对于居里夫人放弃申请镭的专利，麦隆内夫人曾困惑不解地问她：“难道这个世界上就没有你最想要的东西吗？”

居里夫人说：“有，1 克镭，以便于我的研究。可 18 年后的今天我买不起，它的价格太贵了。”

这出人意料的回答，使麦隆内夫人感到非常惊讶，居里夫人自己发明出来的东西却说买不起。如今镭的提纯技术已让世界各地的商人腰缠万贯，而镭的发现者却如此贫困。于是麦隆内夫人奔走在全美妇女中宣传居里夫人的重大贡献和高贵品德，最后获得公众的支持。数年之后，当居里夫人想在自己的祖国波兰华沙创设一所镭研究院，开展癌病治疗工作的时候，美国公众再次向她捐赠了 1 克镭。作为镭的发现者的居里夫人，不仅没像美国记者推断的那样富甲一方，还如此困顿。正是因为居里夫人没有把镭的专利权据为己有，而是把它献给了全人类，为全世界做出了极大的贡献。

对于居里夫妇的巨大贡献和杰出才能，最先给予承认的是瑞士政府。1900 年，当时居里还只能为着每个月 500 法郎而在缺乏设备的实验室工作时，瑞士的日内瓦大学愿以年薪 1 万法郎和教授的待遇聘请他开设物理学讲座。但是被为了提炼出纯净的镭而从不考虑金钱和待遇的居里夫妇谢绝了。他们的第一枚奖章是英国赠与的，由于他们发现了放射性新元素钋和镭，开辟了放射化学这一新领域，1903 年英国皇家学会邀请他们夫妇到伦敦讲学，并授予皇家学会最高的荣誉——戴维奖章。1903 年底，居里夫妇和贝克勒尔一起被授予诺贝尔物理学奖。

法国巴黎大学于 1903 年授予居里夫人以物理学博士学位。1904 年巴黎大学理学院为皮埃尔开设了讲座。1905 年皮埃尔被推举为法兰西科学院的院士。只讲奉献不求索取的居里夫妇并不计较这些在他们看来没有价值的东西。面对着荣誉而来的繁忙的社交活动和频频的记者采访，他们感到的是烦恼和不安。他们需要的是安静，是继续工作，而不是骚扰。为此他们不得不像逃难者一样，化了装，躲到偏僻的乡村去。

居里夫人一生之中共获得 10 项奖金，16 种奖章，107

个荣誉头衔，却全不在意。有一天，她的一位朋友来她家做客，正聊着天，朋友突然看见居里夫人的小女儿正在玩一个金质奖章，样子十分眼熟，想了想，那不就是英国皇家学会刚刚颁发给她的么？于是特别惊讶地说：“居里夫人，您应该知道得到一枚英国皇家学会的奖章是极高的荣誉，怎么能给小孩子玩呢，万一丢了或者弄坏就不好了。”居里夫人笑了笑说：“我就是想让孩子从小就知道，荣誉就像玩具，只能玩玩而已，绝不能看得太重，否则就将一事无成。”

居里夫人虽然每天都醉心于科学事业，可是对孩子的照顾丝毫不会马虎。从女儿出生的那一刻起，她便亲自悉心照料女儿的所有饮食起居，记录她生活的点点滴滴，非常注重孩子的早期教育。每次去实验室之前必然会把孩子安顿好，中间会回去给她喂饭，晚上会给她洗澡，讲故事。女儿再大点，太忙的时候会在实验室喂孩子吃午饭，这就使女儿逐渐接触到了与科学有关的东西，之后就大大激起了女儿对科学的兴趣，大大启发了女儿的智力。再长大些，发现她的兴趣后，重点培养，也培养她学习点园艺、插花等。居里夫人很会因材施教，孩子喜欢的大肆鼓励孩子去追逐，孩子不喜欢或者害怕的，就想方设法让孩子克服障碍，大步前进。身体是革命的本钱，孩子的健康更是马虎不得，她培养孩子从小锻炼的习惯，游泳、跑步、骑自行车、步行都是好方法。女儿没有辜负母亲的一番苦心，考上了母亲当年就读的索尔本大学，母亲就鼓励孩子无论遇到什么困难，就算无法解决，那就先学习，知识能力够了，就派上用场了。女儿毕业之后回到母亲的实验室，一起和母亲工作。

居里夫人可以说是教女有方，居里夫人还有个女儿虽然和自己所从事的领域截然不同，但也是文学上一颗璀璨的明星，各有千秋，后来把母亲的日常生活和主要贡献用笔记录了下来，写成一本《居里夫人传》，以供后世能够更加了解自己的母亲——这个为科学事业献身的伟大科学家。令人惊喜的是，居里夫人一家都是为社会做出很大的贡献的人，从居里夫妇获诺贝尔奖之后，自己的女儿也不甘落后，在居里夫人的培养下，长女伊雷娜，著名的核物理学家，和丈夫约里奥因为发现人工放射物质而共同获得诺贝尔化学奖；次女艾芙，音乐家、传记作家，其丈夫曾以联合国儿童基金组织总干事的身份荣获 1956 年诺贝尔和平奖，这是无上的荣耀。她们这个大家庭一共有四个诺贝尔奖，真是史上少有。

伊雷娜曾是母亲的助手，在实验室辅助母亲做实验，因此与日后的丈夫相识。女儿伊雷娜很是受母亲熏陶，在相同的领域获得了与母亲同样的荣誉。有人说这是遗传，科学表明遗传固然重要，但是女儿从小跟着母亲，耳濡目染，父母的激励教育和所生活的环境才使得女儿对科学如此热爱，再加上自身的努力程度而投身于科学事业，最终获得成功，这表明最重要的还是后天的努力以及坚持不懈的精神。伊雷娜能获得诺贝尔奖，保持对科学的热爱、对工作的执著，以及她坚强的性格，都和居里夫人的教育分不开，居里夫人对孩子们的教育无疑是成功的。

科学家居里夫人是第一位获得诺贝尔奖的女性，是第一个两次获得诺贝尔奖的科学家，也是唯一一个在两个不同学科领域获得诺贝尔奖的伟大人物。居里夫人对社会的贡献以及她自身的人格魅力，为后世人所敬仰直到永远。

后　记

“一带一路”相关国家众多，代表性人物众多，为中外交好、民心相通作出杰出贡献的人士众多，因此，为“一带一路”璀璨群星立传，既使命光荣，又责任重大。在这项浩大工程的策划、组织、执行过程中，有许许多多的人士参加了有关传主的名单征集和审定，以及写作、翻译、审读、编辑、出版、筹资、联络等繁重而琐细的工作。所有参与的人员，以拳拳报国之心，尽深厚学养之力，克服了时间紧、任务重、要求高、压力大等诸多困难与挑战，最终圆满完成了任务。在本书付梓之际，丛书编委会特向参与本项目的全体同志致以崇高敬意和衷心感谢！

同时特别需要鸣谢的是，提出策划并领导实施此项目的中国传记文学学会会长王丽博士，基于长期法律实务经验和担任“‘一带一路’服务机制”主席职务的便利，她对相关国家和走出去的“一带一路”建设者和广大青少年的需求了解真切，提出应当为他们写一套介绍各国典型人物的简明易读的传记，为他们提供健康的精神食粮。她把这项“额外”的工作当成了事业，联袂商会筹集资金、苦口婆心招揽作者、精心挑选传主名录、夙夜青灯挥笔写作、近乎偏执逐字推敲、亲力亲为呕心沥血。面对如此浩大的出版项目和繁重的出版任务，当代世界出版社毅然承担了绝大部分图书的出版任务，而且出版社的领导与中国传记文学学会的负责同志一起协商，寻求有关部门的支持和帮助，努力将该传系打造成高质量的精品好书。在此，我们特向项目牵头人和当代世界出版社相关领导和编辑致以崇高敬意和衷心感谢！

尤其让我们感动的是，在项目执行过程中，一些富有家国情怀的民间商会和企业家的慷慨解囊，虽不足以支撑项目的全部费用，但是他们所表现出的热心和支持，让我们坚定了走下去的信心和决心。在此，我们要特别鸣谢为本书的创作出版做出捐赠支持的中国民营经济国际合作商会、亿阳集团股份有限公司、富通集团有限公司以及太平洋证券股份有限公司，并对他们的拳拳报国之心和慷慨无私帮助致以崇高敬意和衷心感谢！

一项伟大的事业，离不开许多默默无闻的奉献者。在本传系的组织、编写、出版过程中，有历史、文学、科研、外交、教育、法律、翻译、出版等领域的数百位专业人士参与，恕不能在此一一详列。需要特别提出的是，鞠思佳、徐帮学、景峰等同志为组织联络、搜集资料到处奔波而毫无怨言，唐得阳、唐岫敏、白明亮、谭笑等同志在编写、翻译、编辑、校对过程中的细致与负责让我们感动，赵实、胡占凡、高明光、吴尚之、刘尚军、李岩、王灵桂、李永全、陈小明、许正明、宋志军等同志睿智的指点和专业的帮助让我们避免了走许多弯路。在此，我们特向以上各位同志致以崇高敬意和衷心感谢！

当然，由于我们水平所限，本丛书难免有某些不尽人意之处和瑕疵，敬请学界专家和各位读者不吝赐教，我们将在作品再版之时吸收完善。在此，我们也向各位读者提前表示崇高敬意和深深感谢！

“‘一带一路’列国人物传系”编委会

2019 年 3 月 30 日